TÉCNICAS AVANZADAS DE PINTURA A MEDIDA

Jon Kosmoski

Traducción de Susana Gluck

Publicado por:
Wolfgang Publications Inc.
217 Second Street North
Stillwater, MN 55082
www.wolfpub.com

Asuntos Legales

Primera edición en 2003 por Wolfgang Publications Inc.,
217 Second Street North, Stillwater MN 55082

© Timothy Remus, 2006

Número ISBN: 1-929133-27-8

Impreso y encuadernado en China.

Técnicas Avanzadas de Pintura a Medida

Nota del Editor

Me complace mucho participar en otro gran libro de Jon Kosmoski. Lo mejor de trabajar con Jon es el hecho que él no conoce el significado de la palabra "agotamiento". Yo no lo conocí a Jon en la escuela secundaria, pero el entusiasmo que tiene con cada proyecto, producto nuevo, e idea nueva es tan genuino y contagioso como el de un joven de dieciseis años que está en la escuela secundaria.

Lo difícil de trabajar con Jon Kosmoski es el simple desafío de tratar de mantenerle el ritmo. La analogía con la escuela secundaria es nuevamente apta. Si bien él ya se encuentra mucho más allá de la edad de la escuela secundaria, todavía le da duro cada día. Aunque ya debiera estarse jubilando, está, sin embargo, ampliando la cochera y dando una seña para el pago de la carrocería de un Deuce roadster de acero. Jon no sólo está orgulloso de su trabajo, sino también de la cantidad de trabajo que realiza cada día. Es éste un hombre que todavía trabaja duro, rápido, y odia tener que estar esperando a alguien.

Debo agradecer a Jon por aquellas ocasiones en las cuales logré que anduviera más despacio e inclusive se parara para que yo pudiera sacarle una fotografía o sacar la misma foto de nuevo. Y si bien la mayoría de las fotografías son mías, necesito agradecer a la compañera de largo tiempo de Jon, Pat Kosmoski, por sacar fotos cuando yo no podía llegarme al taller.

Timothy Remus

Introducción

El mundo de la pintura a medida ha cambiado enormemente sólo en los últimos años. Hay nuevos productos que facilitan cada vez más poder conseguir un efecto particular. La existencia de nuevas pinturas de base metálicas, de pigmentos que cambian de color, de kandis y de perlas significa que usted puede hacer trabajos de pintura hermosos y diseños complejos con una facilidad desconocida hace solo unos años atrás.

Estos nuevos productos, sin embargo, no se aplican por sí mismos. Debe usted continuar siguiendo los principios de la buena pintura a medida. De hecho, la única manera de obtener de todos estos nuevos productos los mejores resultados es usando las técnicas de aplicación correctas. En mis seminarios veo todavía a pintores que no han aprendido a caminar el automóvil, o a mantener la boquilla de la pistola paralela a la superficie, o a usar una cuadrícula invisible para mantener la cantidad de superposición de cada pase exactamente igual para todo el vehículo.

Este libro lo lleva a usted adentro de mi taller, donde hacemos cuatro trabajos de pintura completos, desde principio a fin. Estos trabajos, hechos tanto sobre bicicletas como sobre automóviles, usan muchos de los nuevos productos de pintura. Mediante el uso de cientos de fotografías de color hemos tratado de mostrarle a usted exactamente lo que he aprendido durante 47 años de pintura a medida. Las secuencias

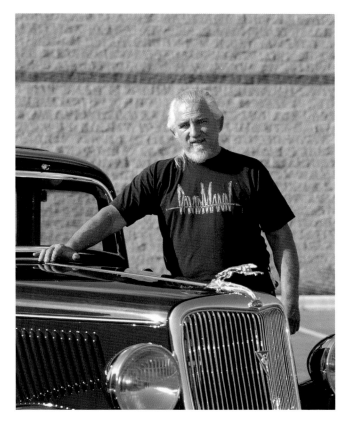

cubren tanto la preparación de paneles como la pintura misma. Esto es así, porque no se puede hablar de pintura a medida sin hablar de preparación.

Con la pintura a medida no hay límites ni reglas. Usted puede mezclar su propio color, cambiar el efecto de un trabajo kandy cambiando la pintura de base, o crear un diseño que está limitado sólo por su imaginación. No existe nada tan satisfactorio como mirar un hermoso automóvil o bicicleta y decir, "Yo hice este trabajo de pintura."

Capítulo Uno

Su Taller

Un Taller Limpio, Seguro y Eficiente

En lo que hace a su taller, usted necesita un espacio en donde pueda realizar su trabajo de manera segura y eficiente. Usted necesita controlar el polvo y el movimiento de aire para pintar, poseer un medio para calefaccionar el taller, y tener una fuente limpia de aire comprimido.

No puedo enfatizar suficientemente la importancia de tener un suministro de aire bueno y limpio. Usted no puede hacer un trabajo de pintura de buena calidad si está siempre esperando que el compresor se ponga a nivel, o hay agua u otros contaminantes en el chorro de aire. Un buen sumi-

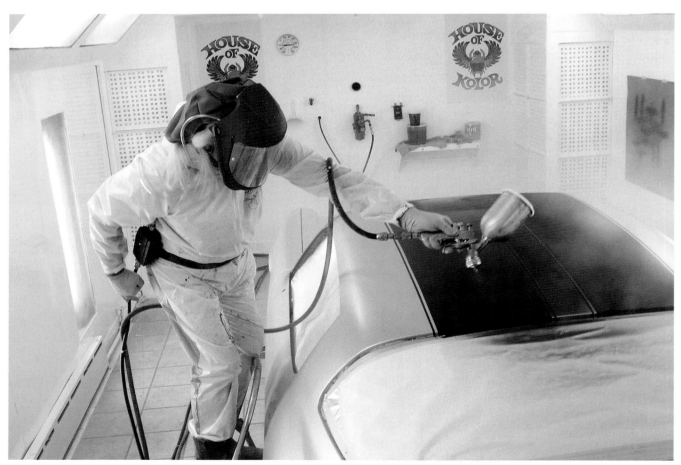

Ya sea para sus herramientas eléctricas, la pistola de rocío o la capucha de aire fresco, usted necesita tener aire limpio y seco, y mucho. Las herramientas eléctricas necesitan aire seco, la pistola de rocío necesita aire seco limpio de modo que no haya contaminante alguno o agua en el aire que acarrea la pintura, y la capucha necesita aire respirable que esté especialmente filtrado.

nistro de aire comienza con un compresor lo suficientemente grande.

COMPRESORES

Cuando se trata de pintura de rocío, el compresor más pequeño que usted debe usar en el mundo actual con las pistolas HVLP es una unidad de cinco caballos de dos etapas, con un tanque de aire de como mínimo 60 galones. Las nuevas pistolas son HVLP y utilizan volúmenes elevados de aire, más que una pistola de pintura de estilo antiguo. Pero el mejor rasgo de aquella tecnología es que reduce el exceso de rociado de modo tal que hay menos peligro para el pintor que está usando las pistolas HVLP[1] y esto incluye al imprimador y a cualquier otra cosa que usted vaya a hacer. Menos exceso de rociado también significa que usted usa menos material.

El paso que sigue en importancia para lograr un proceso de pintura libre de problemas es montar el sistema de aire en forma apropiada. Por lo general, usted necesita que haya como mínimo 20 pies de caño saliendo del compresor y querrá colocar una línea flexible entre el compresor y aquella línea. Estas líneas flexibles se consiguen en varios lugares pero WW Grainger es un lugar que las vende y éstas pueden manejar 500 psi. De este modo, la vibración del compresor nunca arrancará su cañería de la pared, lo que me pasó a mí una vez (todo se aprende de manera dura).

Para las líneas de suministro de aire, yo diría que use un mínimo de 3/4 de pulgada y luego baje a 1/2 pulgada y siempre saque a las líneas de suministro

[1] HVPL son las siglas de 'High Volume Low Pressure' - Alto Volumen Baja Presion. - Nota de la traductora.

Usted necesita pensar en el compresor y en el sistema de distribución de aire. Las líneas de suministro de aire necesitan subir, luego bajar; cada línea necesita una válvula de apagado y un tapón para limpieza.

En mi taller, la línea de aire que alimenta la cabina sale de este compresor de 10 caballos super silencioso de DeVilbiss.

Entre el compresor y la pistola de rocío utilizo este sistema de filtrado de etapas múltiples DAD 500. De izquierda a derecha se ven: un filtro de agua/aceite/suciedad, un coalescedor para remover aerosoles de aceite y más suciedad, y un agente secante para atrapar vapor de agua.

desde la parte de arriba del caño principal y luego bájelas. Esto lo puede hacer usted con una T que mira hacia el cielorraso y dos acoples para caño de 90 grados. A mí me gusta colocar una válvula de bola allí para que haya un cierre en cada caída, de tal modo que yo pueda hacerle el servicio al regulador o tratar un problema de mantenimiento sin tener que sangrar a todo el sistema.

AIRE LIMPIO

Un regulador que posee una trampa para agua le ayudará a sacar la humedad del aire, pero nada funciona mejor que un secador a membrana o un secador disecante, de tal modo que usted tendrá certeza que no existe humedad en su aire que le va a carcomer sus instrumentos de aire. Y lo que es más importante, si hay agua en el sistema, ésta pondrá humedad en su trabajo de pintura y se va a mezclar con la pintura, lo que puede causar ampollado, burbujas o deslaminación.

Por supuesto que con compresores reciprocantes hay moléculas de aceite que se mezclan con el aire y que estos secadores tambien ayudan a eliminar.

Un filtro final en la cabina también es una buena idea. Un filtro de micrón donde el suministro de aire impacta a la cabina. Yo hago esto de tal modo que toma cualquier partícula que esté volando en el aire y la extrae del aire de modo que no se mezcla con su trabajo de pintura. Con este tipo de preparación, usted está listo para un buen comienzo.

LA MANGUERA

Cuando se usa una pistola HVLP es importante que

Para alimentar la pistola de rocío, la manguera de 5/16 pulgadas y las roscas de acople de conexión rápida estándar no son lo suficientemente buenas. Hoy en día Usted necesita una manguera de 3/8 pulgadas y las roscas de acople más grandes que se ven a la izquierda.

la manguera sea de tamaño adecuado y lo que todos los fabricantes están recomendando es una manguera de 3/8 de pulgada con las roscas de acople especiales cuya área es el doble que el de la rosca de acople normal de 5/16 pulgadas. De este modo no hay casi caída de presión. Si usted usa 40 pies de manguera en la cabina con una manguera de 5/16 pulgadas, la caída de presión puede ser sustancial. Usando las nuevas roscas de acople y una manguera más grande, usted experimentará poca o ninguna caída de presión, quizás una o dos libras en la pistola. De modo, que para el equipo de aire y cualquier otra cosa que usted esté haciendo en la cabina, Usted puede comprar simplemente la manguera de 3/8 pulgadas. Asegúrese que compra una manguera que esta diseñada para rociado, de modo que no se desarme del lado de adentro y le cause problemas más adelante.

Cuando la gente de las pistolas de rocío Sharpe recibe una queja, lo primero que hace es colocar un pequeño aparato al final de la línea de aire que tiene un filtro de papel muy pequeño. Lo coloca y hace pasar el aire a través del mismo durante aproximadamente media hora a un ritmo lento como de 30 a 40 psi. Luego lo desarman y examinan la gasa con una lupa y pueden evaluar la condición del aire que alimenta las pistolas de pintura. Un ochenta por ciento de las veces encuentran que el origen de los problemas de pintura se debe a contaminantes que están dentro del sistema de aire. De modo que, en otras palabras, el aire con el cual el

Pérdida de Presión con Presión de Entrada de 100 psi[1]

	MANGUERA DE 35'		MANGUERA DE 50'	
	15 CFM	25 CFM	15 CFM	25 CFM
1/4" ID	35 psi	87 psi	50 psi	*
5/16" ID	12.6 psi	31.5 psi	18 psi	45 psi
3/8" ID	4.2 psi	10.5 psi	6 psi	15 psi

[1]Nota del Traductor : CFM – pies cúbicos por minuto; psi – libras por pulgada cuadrada

Aquí hay un ejemplo de los tipos de caída de presión que Usted experimentará si usa mangueras de diámetro demasiado pequeño.

Recomendaciones de Tamaño Mínimo de Caño[2]

Tamaño de Compresor	Capacidad del Compresor	Línea de Aire Principal	Diámetro Mín. de Caño
1-1/2 y 2 HP	6 a 9 CFM	Más de 50 pies	3/4"
3 y 5 HP	12 a 20 CFM	Hasta 200 pies	3/4"
		Más de 200 pies	1"
5 a 10 HP	2 a 40 CFM	Hasta 100 pies.	3/4"
		100 a 200 pies	1-1/4"
		Más de 200 pies	1-1/4"
10 a 15 HP	40 a 60 CFM	Hasta 100 pies	1"
		100 a 200 pies	1-1/4"
		Más de 200 pies	1-1/2"

* Bajo ninguna circunstancia estamos diciendo que el uso de cañerías de aire correctas reduce a los contaminantes en tal medida que ya no va a necesitar Usted un sistema de filtrado. Continuamos recomendado enfáticamente se el uso de un filtro de lugar de utilización.

[1]Notas del traductor: HP – caballos de fuerza: " – pulgadas

Cuanto más grande sea el compresor, y cuanto más larga la línea de suministro principal, tanto mayor debe ser el diámetro del caño. DeVilbiss

Una buena cabina de rociado provee control de polvo con buena iluminación. Las cabinas se ofrecen en una variedad de modelos de corriente cruzada y corriente lateral. Muchas ofrecen calefacción para acelerar la curación del trabajo de pintura. Protools

hombre está trabajando es el que en realidad le está causando sus problemas.

Usted no quiere tener más manguera en la cabina que lo que sea necesario. La manguera debiera caer al piso y dar toda la vuelta alrededor del automóvil y atravesar la parte de atrás, y usted no necesita más manguera que eso. En caso contrario, la manguera se pone en su camino y causa una pérdida de presión adicional.

Tuvimos el caso de otro hombre que estaba teniendo constantemente problemas de ojo de pez con todo lo que pintaba. Bueno, él se olvido de mirar en derredor. Unas tres bahías más arriba, había un taller de limpieza. Si el viento soplaba en la dirección apropiada, toda esa silicona que los trabajadores del equipo de limpieza estaban usando en el cuero y los vinilos flotaba directamente hacia abajo, hacia su taller, lograba entrar dentro de su filtro de entrada y arruinaba sus trabajos de pintura. De modo que usted tiene que mirar alrededor suyo y asegurarse que no hay nada más en la habitación, como ser WD 40, Armor All y productos que contienen cantidades elevadas de aceites de siliconas.

LA CABINA DE ROCIADO

Los pintores que trabajan en talleres grandes probablemente ya tienen una cabina de pintura, quizás una de las cabinas más nuevas de corriente de aire hacia abajo, éstas son muy buenas. Pero si usted está pintando en su casa o en un taller pequeño, tiene que recordar que lo más impor-

Las cabinas de fabricación casera deben controlar el aire que entra al igual que los modelos profesionales. Un material de filtro de entrada como éste está disponible en varios tamaños y configuraciones que encajan con cualquier situación a un costo muy razonable. Recuerde que todo ventilador que usted use en la cabina debe estar rotulado "a prueba de explosiones." Dayton Reliable Air Filter

tante es el movimiento del aire, porque si usted no está moviendo el aire para nada, no está extrayendo el disolvente de la pintura. Si usted está rociando en un espacio de aire muerto, lleva mucho más tiempo extraer al disolvente de la película de pintura. Usted necesita que haya movimiento de aire y un buen ventilador extractor de aire, que filtra el aire hacia afuera de modo que usted no esté contaminando la tierra de su vecino o el aire. Existe lo que se llaman filtros arrestadores que agarran el exceso de rociado y lo retienen antes que se salga afuera.

Para montar una cabina de pintura, las hojas de poly no funcionan realmente bien, excepto cuando se trata de un sólo trabajo de pintura. Una vez que el plástico tiene pintura encima, la pintura seca se va a descascarar y crear suciedad que contamina el próximo trabajo de pintura. Es mejor idea con-struír algo con paneles de masonite. Incluso existen unos paneles de baño prefabricados, son como los de masonite cubiertos con una capa. Si usted va a fabricar una cabina de rociado en su casa en una de sus casillas, este material no es demasiado caro y resiste real-mente bien. Cualquier cosa que usted use está bien, siem-pre y cuando la pinte primero para controlar la suciedad y usted pueda limpiar las pare-des, eso es lo principal. Y no se olvide de viejos trucos tales como el de mojar el piso antes de pintar.

CALOR

Ante todo, realmente no me gusta que se pinte a tem-peraturas inferiores a los 70 grados. El problema que hay cuando las temperaturas son más frías tiene que ver con como los disolventes se salen de la película de pintura. Cuando hace menos de 70 grados, aún dos o tres grados

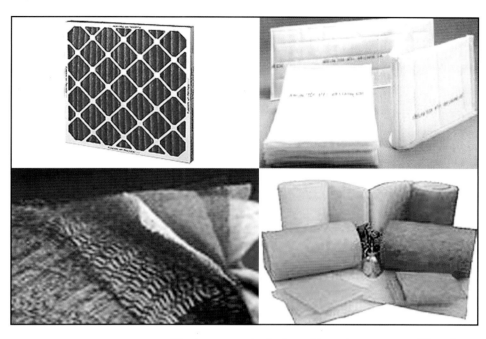

El aire que sale de la cabina tiene que ser filtrado también, con filtros que eliminan la mayor parte del olor y el vapor de la pintura.

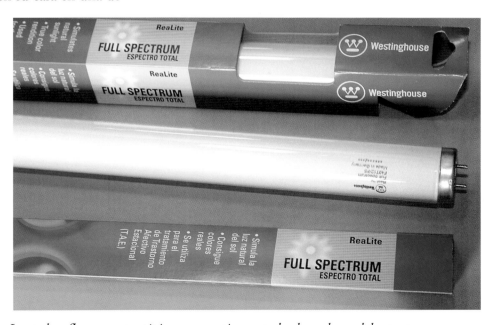

Los tubos fluorescentes típicos no contienen todos los colores del espectro y no retratan a los colores con exactitud. Estos tubos de ferretería son sólo una de las marcas que proveen de un color veraz a ese nuevo trabajo de pintura.

menos, usted puede ver la diferencia en la pintura. Sé que hay pintores que pintan con 60 grados pero lo que sinceramente pienso es que usted nunca va a obtener calidad con esas temperaturas porque va a tener que esperar tanto tiempo entre manos de pintura para que se vayan los disolventes, que simplemente no vale la pena.

Ahora, ¿como va a lograr usted que haya bastante temperatura en su cabina de rociado? Una de las mejores maneras, por supuesto, es mediante una caldera en otra parte del edificio, usted puede bombear agua dentro de unos radiadores pequeños o unidades de rodapie de hierro fundido. Usted podría incluso utilizar calefacción de rodapie porque no hay probabilidad que los vapores hagan contacto

con llama abierta alguna. Hay personas que pintan en sus cocheras habiendo calderas que queman leña allí, pero esto puede ser sumamente peligroso. Cualquier llama abierta al aire es peligrosa, a menos que esté a mucha altura y ni siquiera esto ayuda cuando usted está pintando, porque los vapores tienden a irse a todas partes. Usted tiene que entender que los vapores son una fuente de combustión porque son un rocío inflamable. El aire forzado puede funcionar pero hay problemas con lugares calientes y el polvo que está siendo soplado por toda la habitación.

En realidad, usted tiene que efectuar la ingeniería de su sistema de calefacción de manera adecuada. Por supuesto, usted puede comprar una cabina que viene con su fuente de calor, la que realmente calefacciona la cabina. Esto es lo ideal porque entonces usted tiene control total de la temperatura cuando está pintando y tiene un ciclo seco que puede efectivamente hornear a la pintura luego de algún tiempo. Con el ventilador en funcionamiento, usted puede introducir el calor gradualmente y luego efectuar un curado rápido de los trabajos para lograr hacer una mayor cantidad de trabajos de pintura durante el día. Y, por supuesto, este es un nivel más profesional, no un nivel de hobby.

ILUMINACIÓN

Casi todo el mundo utiliza la iluminación fluorescente, pero la típica luz fluorescente no es una luz de espectro completo. Las luces de espectro completo están disponibles en compañías como ParaLite y en varios otros proveedores. Si usted usa las bombitas fluorescentes normales baratas de la ferretería, el color en la cabina no va a ser exacto, de modo que va a ser difícil juzgar el color de su trabajo de pintura. Debe usted tener una luz blanca pura si está intentando coordinar colores. Es importante tener la iluminación correcta.

SEGURIDAD

Usted siempre necesita tener extintores de fuego, ubíquelos siempre al lado de sus lugares de salida. Deben colgarse en la pared, no es legal tenerlos sentados en el piso. Usted quiere ponerlos en un lugar

Cuando Usted use pintura catalizada de cualquier tipo, debe utilizar una capucha de aire fresco para asegurarse de no inhalar vapor alguno de la pintura. El traje de pintor lo protege también contra los vapores de pintura y asimismo evita que la pelusa de su ropa penetre el trabajo de pintura terminado. DeVilbiss

donde es fácil asirlos. Familiarícese con su uso para que sea fácil simplemente apuntar el extintor hacia el fuego y apretar el gatillo, en caso que alguna vez haya un incendio. Se fabrican los que funcionan por pulverización y los extintores de fuego $CO2$. Los extintores estilo Halon son los más limpios porque no ensucian, pero usted no los puede utilizar en un espacio cerrado porque extraen el oxígeno.

Muchas comunidades exigen que haya cabezas de sprinklers en las cabinas de rociado. Yo debo hacerlo, pero cubro las cabezas de los sprinklers con bolsitas para sandwiches y bandas de goma para que no se contaminen, y si llega a hacer calor suficiente, aún así se van a prender pero esto las mantiene protegidas en la cabina. Algunas ciudades lo van a obligar a colocar un sistema seco, eso es lo que veo la mayor parte del tiempo en las grandes cabinas profesionales. Tienen el inmenso contenedor que se monta en el costado de la cabina y emite un polvo seco en el caso que haya un incendio.

PROTEJA SUS PULMONES

Nuestras manos de pintura de base no son catalizadas y cuando las uso en la cabina, típicamente uso sólo un estilo de máscara TC-23 con los cartuchos hechos para ser usados en un ambiente de taller para carrocerías. El problema con estas máscaras es que no han sido aprobadas para ser usadas con pinturas catalizadas y usted tiene que asegurarse que su barba o bigote no esté impidiendo que la máscara cierre herméticamente alrededor de su rostro.

La máscara de rostro común de estilo TC-23 no es adecuada cuando se usan las pinturas catalizadas de hoy en día. Lo ideal es tener una capucha que le esté suministrando aire fresco a través de un filtro especial, y estas capuchas no cuestan tanto.

El respirador con suministro de aire utiliza aire especialmente filtrado proveniente de su compresor o del propio compresor del respirador, para suministrar aire

Los extintores de incendio que se utilizan en los talleres de carrocería y en las cabinas de pintura necesitan ser clasificados por lo menos como A y B (combustibles comunes y líquidos inflamables).

Este filtro de tres etapas es lo que yo uso para hacer que el aire del compresor de aire se haga respirable. De izquierda a derecha hay un filtro particulado de 5 micrones, un filtro coalescedor de 1 micrón y un filtro de carbón para olores e hidrocarburos.

13

Este Painter Pro está hecho con siliconas para máxima comodidad y viene en tres tamaños para tener un buen calce. No está aprobado su uso con pinturas de isocianato. DeVilbiss

respirable presurizado para la capucha. Debido a que el aire fluye constantemente a través del la capucha, hay muy poca probabilidad que los vapores de pintura se filtren adonde usted los puede inhalar. Usted tiene que pensar acerca de donde es que el compresor está recogiendo el aire para la máscara. Usted no quiere que el compresor pequeño que está alimentando a la capucha absorba aire contaminado, ya que en ese caso usted derrotará totalmente el propósito de usar a la capucha de suministro de aire.

Y aún en el caso que usted quiera rociar pinturas e imprimadores no catalizados en un área con poco flujo de aire, es una buena idea utilizar una capucha de suministro de aire completo. Cuide sus pulmones lo más posible. Son irremplazables.

EL TRAJE DE PINTOR

Hemos comprobado que al permitir que entren camisas y ropas comunes a la cabina de pintura, se aumenta la cantidad de pelusa y suciedad en el trabajo final de pintura. Un buen traje de pintor, tal como el Shoot Suit de Seattle, Washington, es uno de mis favoritos. No sólo es fresco para trabajar porque toda la parte de atrás del traje respira, sino que previene que la pelusa de su ropa encuentre la manera de llegar a su trabajo de pintura.

FLUJO DE TRABAJO EFICIENTE

Cada uno va a querer hacerlo a su manera, pero es

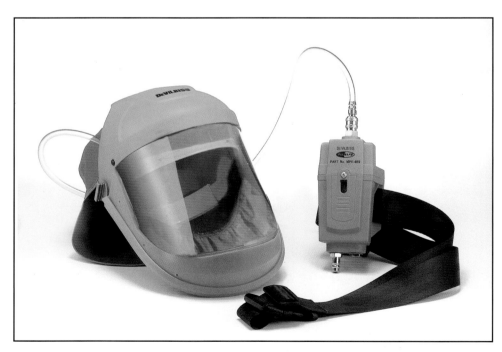

Cuando Usted pinte con pinturas de isocianato, va a necesitar una capucha para aire fresco, alimentada con aire especialmente filtrado, suministrado por una manguera de aire separada. Una de las buenas cosas de estas capuchas es el efecto refrescante del aire cuando usted está trabajando en una cabina de rociado calurosa. DeVilbiss

algo para pensar. La manera en que usted quiere que el trabajo fluya a través del taller se convierte en una cosa personal. Es difícil hacer trabajo de carrocería en el cuarto donde usted está pintando (hemos hecho algunas excepciones a esta regla para este libro porque la iluminación en la cabina es tanto mejor que en el taller y permite sacar mejores fotografías). Idealmente, usted debe mantener separados a los trabajos de carrocería y de pintura, pero esto puede no ser factible en un negocio pequeño.

Hacer fluir el trabajo y tener las herramientas y equipos dentro de un cierto perímetro facilitan y aceleran la terminación del trabajo. Son cosas de sentido común, su papel de lija debe estar cerca de todas sus cosas para el trabajo de carrocería, de modo que usted no tenga que recorrer largas distancias o estar dando vuelta en círculos intentando encontrar sus cosas. Si usted tiene una caja de herramientas grandes, no quiere estar llevándola de un lado al otro, de modo que necesita montar una pequeña bandeja rodante para colocar sus herramientas y objetos incidentales allí y tenerlos cerca.

EL MANEJO DE PRODUCTOS INFLAMABLES Y RESIDUOS TÓXICOS

Usted necesita pensar en todos los productos químicos tóxicos e inflamables que se encuentran en su taller. En mi taller, a mí me gusta guardar todo en armarios o contenedores. Quizás se le exija instalar un armario para almacenar productos inflamables. Es de importancia crítica desechar adecuadamente a los disolventes y pinturas usadas. Estos materiales deben ser reclamados o reciclados apropiadamente. Si usted está trabajando en un taller pequeño, es posible que pueda agregar sus productos químicos usados a los de un taller más grande que tiene un servicio que busca y retira el material. Nosotros utilizamos un destilador para recuperar los materiales en el taller y obtenemos todos nuestros materiales de limpieza de este modo. Lo que no podemos destilar se desecha como residuo peligroso. Si la cantidad de residuo peligroso que usted produce es pequeña, usualmente puede llevarla a las instalaciones de residuos aprobadas en el condado donde usted vive.

Los respiradores de tipo TC-23 como éste vienen provistos de cartuchos de filtros reemplazables. La mayoría utilizan un pre-filtro para extender la vida del cartucho. Asegúrese que los cartuchos estén fabricados para ambientes de talleres de carrocerías – y guárdelos en algún tipo de contenedor sellado (una lata de café funciona bien) cuando no los esté usando.

Capítulo Dos

La Pintura Moderna

Magia dentro de la Lata

ANTES DEL IMPRIMADOR

Antes que usted comience a pintar el metal desnudo necesita asegurarse que esté limpio. Asegúrese que el producto que usted utiliza esté especificado como lavado de limpieza final o como disolvente para limpieza. Uno de mis productos favoritos se llama GON. Usted también puede utilizar disolvente para pintura, la acetona es otro producto que yo uso con bastante frecuencia. Lo más importante es que no debe usted mojar un área mayor que el que pueda repasar con un trapo antes que se seque. Porque si se seca antes de que usted

La línea "The House of Kolor" incluye a todo, desde el lavado de limpieza final hasta los kandis y perlas más brillantes que Usted haya visto alguna vez . Nos esforzamos en crear pinturas que dan el destello y profundidad que todos desean sin necesidad del trabajo que generalmente se asocia con los trabajos de pintura kandy o perla. Valspar

pueda volver a pasarle un trapo, va a dejar una película. De modo que, en otras palabras, un área de dos pies por dos pies es el área más grande que a mí me gusta ver mojada, y luego usted tiene que volver inmediatamente con un trapo limpio y seco y secar el área.

Hay momentos en que yo no uso nada más fuerte que agua. Luego de lijar el color, por ejemplo, yo uso agua porque si el agua no está yendo allí le está diciendo que hay contaminación en ese punto. Yo no uso productos químicos cuando estoy lijando el color y reflu-jando un trabajo de pintura existente, y usted debe recordar de no tocar los trabajos de pintura con la piel desnuda mientras trabaja, porque transfiere los aceites. Esta regla debe ponerse en práctica desde el momento de comenzar el trabajo hasta el pulido, a esta altura el contacto con la piel ya no es un problema.

No existe razón alguna para usar un secado químico luego de hacer un lijado del color, a menos que alguien, por error, haya puesto algo de rocío allí que pueda contener siliconas como Armor All ó aún el WD 40, tratando de lubricar una bisagra o algo así. Armor All contiene siliconas que pueden contaminar el trabajo y causar una cantidad tremenda de daño de ojo de pez. Colocar los preventivos de ojo de pez es una de las peores cosas que usted puede hacer porque entonces este trabajo va a requerir ese aditivo cada vez y todas las veces. Usted va a andar mucho mejor si usa nuestro KE 170 que es una versión encapsulada de silicona, lo que quiere

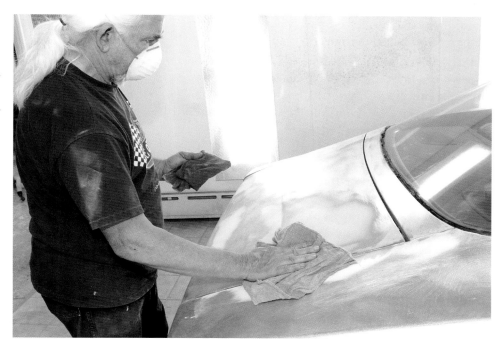

A mí me gusta usar dos trapos limpios cuando froto el automóvil antes de aplicar la pintura. Uno de los trapos está mojado con el producto que estoy usando y el otro está seco. El área sobre la cual trabajo no es muy grande, simplemente aplico el trapo mojado y seco el área inmediatamente. El producto limpiador nunca debe llegar a secarse sobre la superficie.

El sustrato que usted está pintando debe estar limpio o la pintura no va a adherirse. Estos productos de lavado de limpieza final incluyen uno que está hecho a base de disolvente (KC 10) y uno que está hecho a base de agua (KC 20). Valspar

decir que usted lo puede utilizar para eliminar ojos de pez y no tener que utilizarlo en manos sucesivas.

IMPRIMADOR

Si a un automóvil se le ha removido completamente la pintura utilizando químicos o soplando materiales con aire comprimido y usted ha llegado al puro metal, una de las cosas más importantes, a mi mejor saber, es un imprimador de epoxy catalizado en dos partes. Yo no creo en el uso de compuestos para grabado de metal que se frotan sobre un automóvil, porque hemos visto deslaminaciones causadas por el uso incorrecto de los mismos. Estos compuestos dejan una película, y quizás funcionen bien con imprimadores específicos. Pero usualmente no funcionan igualmente bien con imprimadores de epoxy.

En lo que hace al imprimador, realmente pensamos que los imprimadoers de epoxy son los más flexibles y los que se adhieren mejor. Superan en resultado a todos los otros imprimadores, y este es el motivo por el cual, en el mundo de pintura a medida, han sido el tipo de imprimador que la gente prefiere usar. Es aconsejable que usted use un imprimador que contenga aditivos, los aditivos impiden que el rellenador plástico se trasluzca, lo cual ha sido un problema común en el pasado. El hecho que sea catalizado no significa necesariamente que va a prevenir que el rellenador plástico se trasluzca por los peróxidos de benzoil que están en el rellenador. Y, por lo tanto, este es un punto crítico al comienzo de su trabajo de pintura. El trabajo de pintura es tan bueno solamente como lo son sus cimientos, y si los cimientos son débiles, ¿qué posee usted? Posee un trabajo que no va a sobrevivir en el largo plazo.

Se ha comprobado que los imprimadores de laca son porosos, y que tienen una pésima adhesion a los sustratos desnudos. No son buenos porque pueden ser removidos por los disolventes activos, y son éstos los que usamos en nuestras pinturas. Solíamos escuchar a la gente quejarse porque le aparecían rayas de arena en sus trabajos de pintura. Lo que sucedía era que el imprimador de laca estaba siendo mojado por los disolventes de alta calidad que estaban en la pintura, y la pintura se hundía en esas rayas de grosor 24 que estaban en el metal o en el rellenador. Los imprimadores de laca y las masillas de laca no pueden usarse si se quiere obtener una pintura que dure largo tiempo.

Las masillas y los rellenadores de carrocería catalizados son los mejores pero, por supuesto, también tienen que estar mezclados adecuadamente. La manera en que muchos pintores y carroceros mezclan el barro está mal. Están incorporando burbujas de aire a la mezcla, porque la están agitando en vez de aplastarla. Yo sé que las compañías que manufacturan rellenador plástico no recomiendan mezclar sobre cartón, pero si usted lo hace rápidamente y se trata de cartón que no tiene nada impreso, entonces funciona bien. La caja en la cual le entregan los parachoques o los paneles de un cuarto puede ser cortada en cuadrados de dieciseis pulgadas y guardada bajo el banco. Estos cuadrados forman una tabla perfecta porque usted usa ambos lados y luego los bota.

Usted también puede conseguir tablas para mezclar plásticas pero las tiene que mantener super limpias.

Nuestro nuevo KP 2 CF está libre de cromatos (y de ahí su nombre) pero continúa siendo un imprimador de acumulación rápida de alta calidad que va a resistir cientos de horas en la cabina de testeo del rociado de sal. Y lo mejor de todo, se lija muy fácilmente. Valspar

Conocíamos a un señor que estaba teniendo toda clase de problemas con su rellenador de carrocería, y luego descubrimos que estaba mezclando su rellenador plástico sobre una superficie irregular y eso quería decir que no estaba mezclándola de manera uniforme. Todo lo que hace falta es que haya una sección que no se ha catalizado adecuadamente. Parece simple, pero usted sabe que estos errores son horribles una vez que el trabajo está terminado y usted ha hecho todo ese trabajo y termina con una burbuja en el panel.

El rellenador que usted usa debe mezclarse bien y aplicarse sobre una superficie a la cual se puede adherir. Usted no puede hacer un buen trabajo de pintura si no hace un buen trabajo de carrocería.

No se olvide del sellador

Sí, a muchos pintores les gusta olvidarse del sellador, pensando que un buen imprimador lijado es todo lo que necesitan. Yo siempre les digo a los pintores que hay tres cosas que un sellador hace: 1. Evita que los disolventes penetren el imprimador. Ahora, si usted ha usado un imprimador de dos partes, ésta no es una preocupación importante, pero por otra parte el uso del sellador hace que el color le dure más. 2. La segunda cosa que hace un sellador es crear un vínculo entre el imprimador que está adecuadamente lijado y la mano superior de pintura, y este vínculo es de importancia crítica. Es muy parecido al uso de una capa de bond cuando usted está volviendo a colocar una mano de claro. Crea esa calidad adhesiva que hace que la pintura se pegue, y usted reduce enormemente la probabilidad de que la pintura se corra. 3. Por supuesto una de las cosas más importante que logra un sellador, es que le da un sólo color al vehículo. Con suerte usted ha elegido un sellador

Nuestro producto Ko-seal está catalizado para durar, y viene en tres colores para combinar mejor con la mano de base. Valspar

Si uno de estos colores disponibles no combina con la mano de base, Usted tambien puede teñir el sellador con cualquiera de nuestros productos KK. Valspar

cuyo color es muy próximo al de la mano de base. De esta manera es fácil lograr una buena cobertura con menos manos. Somos una de las pocas compañías que produce un sellador metálico, y este sellador metálico funciona muy bien y no sólo eso, sino que se lo puede teñir para combinar con varios tonos de pintura de base mediante el uso de los concentrados KK, yo hago eso frecuentemente y tengo un ejemplo de ello en el Capítulo Cuatro.

Usted debe medir cuidadosamente el tiempo que pasa después de aplicar el sellador. Si usted espera demasiado, se cierra la ventana de adhesión de las capas sucesivas, causando deslaminación. Para prolongar ese tiempo o para aplicar arte sobre un sellador, aplique una o dos manos de SG 100, y ahora la ventana de tiempo estará abierta de una a cuatro horas adicionales, dependiendo de la temperatura y las condiciones en su cabina.

Desde el comienzo de mi carrera de pintura los selladores han sido considerados de importancia. Todavía los uso hoy en día. Nunca me va a encontrar pintando algo sin sellarlo.

MANOS DE PINTURA DE BASE

Para nuestras manos de pintura de base hemos elegido utilizar una resina de puro acrílico uretano y no catalizarla. ¿Como logramos hacer esto? Lo logramos mediante el uso de un copolímero patentado que hace que el material se comporte como una laca. No posee la resistencia química de una laca o un uretano en sus etapas tempranas, pero cuando usted lo recubre con una mano del claro catalizado o de un kandy, se vuelve sumamente duro. Lo sorprendente de esto es que tres capas medianas de base solo acumulan 1/2 mil. Mantiene escaso al grosor de la película, lo que me resulta muy importante a

Los productos PBC son parte de la línea Shimrin, conocida por su fácil capacidad de aplicación, sus tiempos de secado rápidos, y su estupendo color. Valspar

mí como pintor a medida. A mí no me gusta que mi trabajo a medida se exceda de 15 mils, aún teniendo múltiples capas de arte, kandis y claros.

En otros tiempos, muchos pintores pensaban que colocar muchas capas significaba un mejor trabajo de pintura, pues bien, pronto aprendimos que en la era de la laca muchos de esos trabajos de pintado no duraban más que uno o dos años y se hacían añicos. Más no es mejor. Con los uretanos, lo maravilloso es que usted puede hacer un trabajo de pintura de calidad dentro de los 10-mil. Y si existe trabajo de arte, sí, quizas llegue a 12 y aún tanto como a los 15 mils, pero nuestras capas están diseñadas para ese grosor de los mils. El trabajo de pintura promedio que usted tiene en un nuevo automóvil hoy en día es de tres a cuatro mils. Así que se necesitó una cierta cantidad de ingeniería para lograr que estos trabajos de pintura duren. Y, por supuesto, el principio de todo trabajo de pintura es el cimiento que da el imprimador de epoxy de dos partes.

KANDIS

Una de las cosas en que hemos sido pioneros es en kandis de la misma claridad y calidad de color que la que solíamos ver en las viejas pinturas de nitrocelulosa. Originariamente lo hicimos con lacas acrílicas y luego a principios de los años 80, logramos conseguir colores igualmente puros con nuestros uretanos acrílicos. Así que conseguimos elevada traslucidez y calidad de color. Hemos diseñado a éstos para que usted pueda obtener profundidad de color y calidad de larga duración con sólo cinco a seis capas de kandy. Esto lo logramos usando tiempo adicional de molienda al moler los pigmentos. Cuando molemos algunos de estos pigmentos no es inusual tardar 100 horas en un molino de bola o un molino de dos rollos. Esto nos ayuda a lograr una transparencia realmente buena. Esperamos el tiempo necesario para lograr que se vuelvan bien transparentes y eso es muy importante para el pintor,

porque todo esto se traduce en facilidad de aplicación. Cuánto mas transparentes y mas firmes son estos colores, tanto mejores son.

Ahora, no tome atajos con su capa superior basándose en su capa de base. Si usted está utilizando el color de base más brilloso y mas reflector, tal como el color plateado o blanco perla, es obvio que va a haber un mayor reflejo de luz. Que los rayos ultravioletas van a rebotar de las bases más claras, brillantes y reflectoras. En estos casos, usted va a tener que usar el número máximo de manos de kandy, entre cinco a seis capas.

Ahora bien, esto también puede variar de acuerdo al tamaño de su boquilla y de su aguja, de su técnica de rociado y de presión de aire. Todas estas cosas pueden cambiar la cantidad de pintura que se transfiere a esa superficie. Por supuesto que las pistolas HVLP son extremadamente buenas para obtener una eficiencia de transferencia del 65 %. Algunas de las pistolas viejas probablemente harían la mitad de eso, y por lo tanto realmente pensamos que las pistolas HVLP no sólo hacen mejor trabajo de aplicación de capas kandy, sino que aseguran que usted esté poniendo la capa en la superficie y que no esté saliendo por su chimenea de extracción de aire a la atmósfera. Las nuevas pistolas atomizan y controlan el patrón de rociado mucho mejor que la tecnología más vieja.

Cada pase de la pistola de pintura debiera superponerse al pase anterior en la cantidad indicada en la hoja de datos técnicos provista por el fabricante de cada producto. Para esta mano de base estoy superponiendo cada pase en un 50%.

Para obtener una cobertura buena y pareja con productos kandy yo recomiendo una superposición del 75 %.

TÉCNICAS DE APLICACIÓN DE KANDY

Una de las cosas en las que yo he sido pionero es en un cierto tipo de superposición de diseños. Si usted estudia un diseño de pistola, va a ver que la mayoría de ellos están arqueados en el medio. Esto significa que el centro del diseño mismo es el punto álgido. Si usted usa una superposición de diseños del 50%, un pase se sobrepone al último pase en una mitad o en el medio. Esto quiere que decir que los puntos álgidos están separados y esto puede dar lugar a una raya en el trabajo kandy. Al intensificar el control y superponer el pase en un 75%, usted reduce cualquier tipo de probabilidad de rayado porque los dos puntos álgidos están ahora en el centro del diseño. Pero aún así usted tiene que continuar teniendo cuidado en sostener a la pistola correctamente. El uso de lo que yo denomino una boquilla de aire paralela es obligatorio para lograr una aplicación correcta de perla o kandy.

Vamos a tratar ésto más en el Capítulo Tres, pero con kandy la técnica de pistola es muy importante. Si usted sostiene a la pistola de modo apropiado, y por esto queremos decir que usted coloca la boquilla de aire en forma paralela, entonces es mucho menos probable que genere una raya. Vemos a pintores que están trabajando en los capós de sus automóviles pero no están poniendo sus boquillas de aire en forma paralela. Están dejando que la pistola apunte hacia abajo y esté a la deriva, lo que va a producir una raya en la pintura. El manejo de su pistola debe ser robótico. También debe usted manipular el objeto para

Nuestros productos kandy pueden ser colocados encima de cualquiera de nuestras manos de base para obtener un número casi infinito de colores y efectos. Valspar

lograr una aplicación de pintura apropiada.

KANDY Y CLARO

Cuando un trabajo de kandy está completo, generalmente me gusta usar el claro UC 35 porque ese es nuestro claro de acrílico puro, y pondré dos capas para preservar aquel trabajo y darme lugar suficiente para el lijado del color. Luego, una vez que ha sido lijado el color y cubierto con fluído, me cambiaré al UFC 35, que es un acrílico modificado con poliéster que tiene más flexibilidad, mayor brillo y permite pulir y sacar brillo más fácilmente. Debido a que es un claro con capacidad de ser pulido más fácilmente, requiere un poco mas de tiempo de cura. No me gusta que se le saque brillo a un coche hasta que hayan pasado 48 horas. El UC 35 es mi claro de acumulación porque es un acrílico puro y se endurece muy rápidamente. No tiene tendencia alguna a ponerse gomoso cuando se lo coloca de manera espesa, siempre y cuando usted respete los tiempos de secado que están especificados y permita que se seque lo suficientemente al tacto para que no se ponga fibroso al tocar, y usted estará listo para poner la capa siguiente. En lo que hace a técnicas de rociado, cuando reflujo al automóvil, generalmente coloco una mano de bond, que es una capa que se coloca muy rápidamente con la pistola sostenida cerca y una cantidad muy pequeña de reducción extra (25-50 % de reducidor extra sobre esas capas de fluído) y luego prosigo con dos capas más bien mojadas. Usted sabe que yo me imagino que quizás usted lije y saque medio mil cuando hace el lijado del color con la de 600 antes de reflujar la pintura. Entonces,

Nuestro claro UC35 catalizado es de secado rápido y sirve para enterrar trabajos de arte. Sin embargo, no siempre es el mejor producto para el claro final. Valspar

Cualquiera de nuestros reducidores puede ser usado con nuestro claro UFC (también catalizado). Este producto constituye un buen claro final porque se le puede sacar brillo fácilmente y se mantiene flexible. Valspar

cuando lija con la de 1200, usted quita muy poca pintura porque está sacando sólo la pelusa y la cáscara de naranja mínima de la pistola. Debido a ese reducidor extra, si la pistola se sostiene cerca y el claro se coloca muy mojado, la cantidad de cáscara de naranja que queda es insignificante. Lo que quiero decir es que parece un buen trabajo de laca como los de antes, excepto por el brillo extra y la falta de necesidad de mantenimiento de estos nuevos uretanos.

PRODUCTOS NUEVOS

Probablemente los productos nuevos más apasionantes que están disponibles o llegando al mercado son los nuevos polvos secos Kameleon II. Yo se que muchas personas se espantan cuando ven el precio. Usted consigue unas dos onzas por aproximadamente trescientos dólares, y eso parece ser mucho dinero. Pero nuestro imprimador Kameleon, el material líquido con el que salimos al mercado, cuesta aproximadamente doscientos cincuenta dólares por una pinta, lo que produce un cuarto de galón de material rociable. Con el nuevo material seco, usted obtiene dos onzas en el contenedor y cuando lo mezcla con SG 100 produce 4 galones de material listo para ser rociado. De modo que es un gran precio para un producto de cambio de color, sirve para hacer llamas fantasmas y muchas otras cosas diferentes.

Lo mejor de todo es que no se broncea a medida que va experimentando sus cambios. Por ejemplo, el azul-a-verde, si usted lo sostiene al nivel de los ojos se ve como un bello azul verdadero. A medida que usted lo va moviendo hacia abajo, hacia la hebilla de su cinturón, se comienza a volver turquesa y cuando usted llega a la hebilla de su cinturón es un verde hermoso. No se está produciendo ningún bronceado en cualquiera de estas transiciones.

Hay ahora cuatro colores disponibles y cuatro colores nuevos en proceso. Ni bien éstos pasen los exámenes de Florida van a estar disponibles para nuestros clientes. La otra cosa que me tiene entusiasmado es las nuevas capas de base MBC (capa metálica de base); son realmente apasionantes porque tienen un aspecto de escamas medianas sin todo el trabajo. Se colocan como una mano de base común y usted pone el kandy encima directamente, y tienen tal destello y centelleo al sol que usted queda totalmente deslumbrado cuando ve cuan fácil ha sido obtenerlo. Sí, son un poco caras, creo que al momento de escribir esto cuestan aproximadamente ciento diecisiete dólares el cuarto de galón, pero es maravilloso ver cuanto trabajo ahorran y cuan bellas se ven bajo los Kandis.

Nosotros producimos una que se llama oro pálido, MBC 01, otra que se llama platino, MBC 02, y una tercera denominada diamante negro, MBC 03. Cada una de ellas imparte un aspecto diferente a los colores kandy. De hecho, la secuencia de pintura del Camaro en este libro está hecha exactamente de este modo, usamos las tres bases con un color kandy rociado por arriba y usted puede ver el cambio radical que se produce en ese automóvil. Esta pintura es un material magnífico para trabajar y, nuevamente, es una pintura de pocos sólidos. No tiene la capacidad de acumulación que usted normalmente asociaría con algo con tanto brillo.

Algunas de las otras

Las pinturas de la serie MBC, no catalizadas y reducidas con cualquiera de nuestros reducidores, usan un material nuevo de escamas que es sumamente luminoso y resulta en trabajos de pintura brillantes.

cosas que estamos lentamente comenzando a sacar son los nuevos polvos brillantes perlados y éstos van a estar disponibles en aproximadamente 15 colores cuando los hayamos probado a todos. En este preciso instante tenemos disponible el blanco más blanco desde que estuvieran disponibles los viejos perlados de plomo carbonatado. Éste tiene un brillo tremendo y el mismo tamaño de grano que nuestro perlado blanco pero tiene tanto más brillo y destello que usted juraría que posee cuatro tamaños de grano más. Es simplemente por la manera en que están hechas estas perlas que imparten ese brillo extra. Por lo tanto, manténgase alerta a lo que ahora llamamos las perlas X (el nombre final de la marca podría ser diferente). Son un producto increíble y van a dominar el mundo de las perlas en el futuro.

También hay un par de colores kandy nuevos y nuevas manos de base que están siendo probadas ahora mismo, pero no sabemos todavía si van a sobrevivir a los exámenes en Florida. Utilizamos una máquina de arco de carbono que actúa como si fuera el sol, éste es nuestro primer punto de examen. Si pasan este examen, van luego a Florida donde hacemos muchas pruebas subtropicales. Estas se hacen con el objeto pintado dentro de una caja negra que realmente atrae el calor al mismo tiempo que a los rayos solares, y éste parece ser el lugar donde la pintura se descompone de la manera más rápida. No vamos a ofrecer ningún producto que pueda fallar.

También hay un nuevo pigmento amarillo de neón que está siendo desarrollado en este momento, y que está diseñado para resistir al sol tal como un pigmento para automotores normal, para sobrevivir el examen de la caja negra. Nuestros otros neones están fabricados con tinturas muy frágiles y no tienen una larga vida, lo que todo el mundo comprende. Típicamente, se utilizan para automóviles de carrera y ese tipo de cosas. Será apasionante tener un neón que pueda vivir en el sol.

Estas nuevas perlas Kameleon deben mezclarse con SG 100. Cuestan menos (por volúmen) que nuestro producto anterior y logran un cambio de color más limpio. Valspar

Los nuevos Kameleons son excelentes para realizar trabajos artísticos, gráficas y llamas – tal como se ilustra en este tanque de motocicleta del Capítulo Seis.

Capítulo Tres

Pistolas de Rocío

Las Pistolas y el Control del Diseño

¿QUÉ ES HVLP?

Las pistolas de rocío han cambiado tremendamente en sólo los últimos dos o tres años. Las nuevas pistolas no solo logran colocar un porcentaje más alto de pintura sobre lo que usted está pintando, sino que la atomizan también mucho mejor, lo que produce una mejor aplicación de kandy y perla.

La gente piensa que las siglas HVLP –High Volume Low Pressure (Alto Volúmen Baja Presión)– significan que estas pistolas emiten un elevado volúmen de pintura. Sí, es cierto que tienen una gran eficiencia de transferencia, pero el volúmen al que

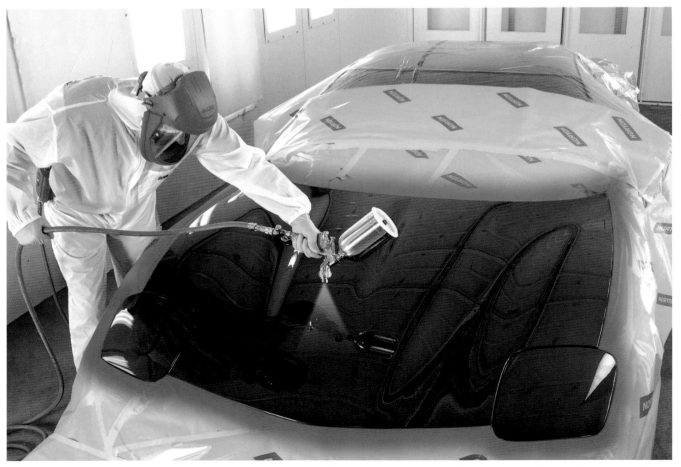

Las nuevas pistolas de rocío atomizan la pintura a la altura de la boquilla de manera excelente, lo que resulta en una aplicación de pintura mejor y más consistente y en un terminado más parejo. DeVilbiss

se hace referencia es el volúmen de aire mucho mayor que se requiere para manejar la pistola. Estas nuevas pistolas de rocío requieren más aire que las pistolas anteriores. De hecho, la mayoría de las pistolas HVLP están comprendidas dentro del rango de 16,17,18,19 ó más CFM (pies cúbicos por minuto) y esto es bastante elevado si se considera que las pistolas antiguas requerían sólo 10,12, ó 14 CFM. La parte de baja presión de la definición se refiere a la presión a la altura de la boquilla de aire, que debe ser de diez libras o menos.

Estas pistolas más nuevas requieren un mayor volúmen de aire, de tal modo que las antiguas mangueras de 5/16 pulgadas, y los accesorios y acopladores ya no sirven más. Ahora necesitamos una manguera de 3/8 pulgadas, una que ha sido específicamente diseñada para pintura de modo que no se fragmente por dentro. Cuando compre una

La pistola Plus, conocida por su buena atomización y eficiencia de transferencia superior al 65 %, también produce una cantidad de pintura que es superior en un 15 % a la de pistolas similares. Viene con forros de pintura descartables "EZ Liner". DeVilbiss

La pistola HVLP PRi viene provista de la boquilla de aire específica que ha sido diseñada para atomizar y desplazar a los materiales imprimación de bajo VOC y elevado nivel de sólidos. DeVilbiss

manguera, no compre una manguera barata para la cabina de rociado. Yo compro mangueras buenas y cuando éstas se cansan en la cabina las 'jubilo' y llevo al taller y coloco una manguera nueva en la cabina. En general, usted debiera hacer ésto dos veces al año, dependiendo de cuanto uso le da a la manguera. Necesitamos que los accesorios sean mucho mas grandes también (observen las fotos), son casi el doble de tamaño que los viejos.

Aunque hemos mencionado esto en el Capítulo Uno, vale la pensa repetirlo. Si usted tiene una manguera de 5/16 pulgadas de 40 pies de largo con los accesorios de 5/16 pulgadas, la presión a su pistola puede ser reducida en hasta 10 -15 o más libras comparado con lo que usted tiene a la altura del regulador. Con una manguera de 3/8 de pulgadas y con los accesorios más grandes, hemos encontrado

Existe una gama completa de terminaciones para manguera y desconectadores con diámetros interiores más grandes que minimizan la caída de presión en su manguera de aire. DeVilbiss

Se consiguen mangueras para instrumentos de aire de elevada calidad (en rojo), ya sea comprando en cantidad o con las terminaciones ya colocadas (5/16 y 3/8 pulgadas ID). La manguera para transferencia de líquidos (negra) es resistente a la mayoría de las pinturas en base a agua o disolvente, y a las resinas que se usan en ambientes de talleres de carrocería. DeVilbiss

que la caída de presion es insignificante. Yo no creo en las valvulas de ajuste de aire (válvulas tramposas), usted nunca me va a ver usando una válvula tramposa en una pistola. En la cabina, usted necesita tener un regulador en buen estado de funcionamiento que sea apropiado y exacto. Para averiguar cual es la caída de presión, coloque un aparato indicador de presión al final de la manguera de alimentación de la pistola. Ahora usted sabe lo que está pasando en su cabina de rociado.

Algunas de las pistolas nuevas en realidad no son HVLP. DeVilbiss aduce que su nueva pistola "Plus" es la mejor pistola de rocío que ha fabricado hasta ahora. Le probó a la Junta de Recursos de Aire de California del Sur que 10 PSI a la altura de la boquilla de aire no significaba nada. Lo que la Junta de Recursos de Aire quería era una relación de transferencia de líquidos del 65 % y DeVilbiss le demostró que podía hacerlo poniendo más presión a la altura de la boquilla de aire. Las nuevas pinturas son todas productos sólidos más elevados y la presión adicional a la altura de la boquilla de aire ayuda a que la pistola atomice esta pintura de sólidos más elevados.

SADA también ha desarrollado una pistola que utiliza presión más elevada a la altura de la boquilla de aire, manteniendo todavía una eficiencia de transferencia del 65%. Estas son dospistolas que yo conozco; existen asimismo otras que atomizan a los nuevos productos de sólidos elevados y que hacen un muy buen trabajo. Estoy trabajando con estas compañías porque esto va a continuar, la intervención gubernamental en la industria y los cambios en los varios productos. Las capas de base al agua son una de las cosas que están siendo trabajadas, aunque no sabemos cuantos años faltan todavía. Nos pidieron que trabajáramos en esto, y ya lo estamos haciendo.

Debo mencionar una pistola más, la Iwata. Atomiza maravillosamente a la pintura pero no es cómoda para todo el mundo porque la manija es pequeña. Sin embargo, si usted es una persona con manos pequeñas, o una mujer que está empezando a hacer pintura a medida, quizás quiera considerar a esta pistola en particular por su tamaño y calidad.

¿Cuántas Pistolas?

La gente a veces me pregunta cuantas pistolas necesitan en un taller pequeño. Realmente me gusta que tengan una pistola dedicada al claro y al kandy. Puede utilizar la misma pistola con la cual aplica el kandy para aplicar el claro, con cambiar una boquilla de líquidos. Pero no importa cual sea el objeto que usted use para disparar metálico o perla, debe ser una pistola dedicada para el metálico o la perla. Porque es una situación lamentable cuando la gravilla, el polvo o un pedazo de metálico se meten dentro de su capa de claro que está arriba de un trabajo kandy y arruina su aspecto, y esto no es poco común. Aún aquí, en nuestro taller, donde tenemos 50 ó 60 pistolas a nuestra disposición, yo he cometido ese error al agarrar la pistola de rocío equivocada.

De modo que, a menos que usted sea muy minucioso y desarme completamente la pistola y la limpie después de cada uso, es buena idea tener una pistola dedicada para los metálicos y las perlas.

También, pienso que tener una pistola más barata dedicada al imprimador es realmente una buena idea. En especial para estos imprimadores de sólidos elevados. Usted necesita una combinación de boquilla-aguja de 1.8 a 2.2 mm para hacer que esos imprimadores de sólidos elevados se muevan a través de la pistola. Nuevamente, cuando use imprimadores

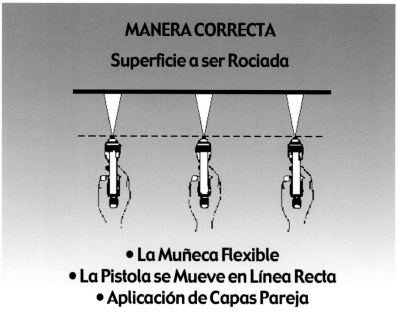

MANERA CORRECTA

Superficie a ser Rociada

- **La Muñeca Flexible**
- **La Pistola se Mueve en Línea Recta**
- **Aplicación de Capas Pareja**

La boquilla de aire debe permanecer paralela a la superficie…

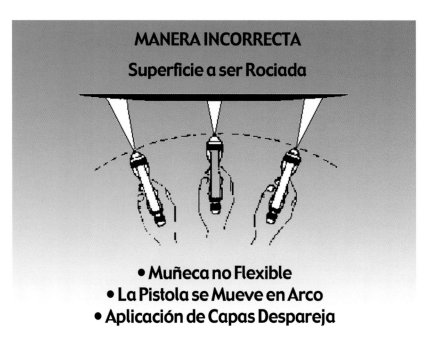

MANERA INCORRECTA

Superficie a ser Rociada

- **Muñeca no Flexible**
- **La Pistola se Mueve en Arco**
- **Aplicación de Capas Despareja**

… o la aplicación de pintura no será uniforme. Usted necesita tener el pensamiento robótico, en línea recta. DeVilbiss

Modifique El Diseño

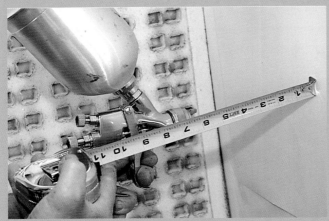

Comenzamos con la pistola a seis pulgadas de la pared, nuestro objetivo es un diseño de seis pulgadas de ancho.

... manteniendo a la pistola a seis pulgadas de la pared intento de nuevo.

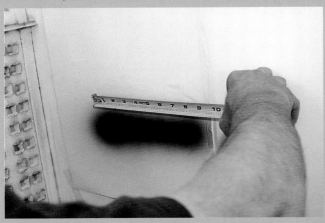

Nuestro primer diseño es demasiado ancho y desparejo.

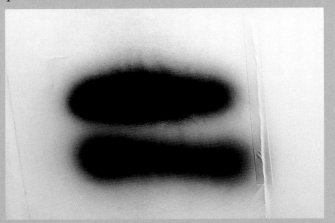

El segundo dibujo es algo mejor, pero todavía está desparejo.

Por lo que limpiamos la punta de la boquilla para líquidos y la boquilla de aire con solvente y un cepillo de cerda suave...

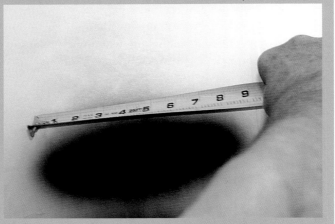

Luego de instalar una nueva boquilla de aire intento una vez más, pero todavía está demasiado ancho y un poco desparejo.

Modifique El Diseño

CONTROL DEL DISEÑO

Es importante que usted revise su diseño cada vez que pinta. Usted sólo controla el diseño si está dentro de seis o siete pulgadas de la boquilla de aire. Más allá de esta distancia, la fina neblina atomizada que crean los cuernos de aire comienza a aglutinarse en manchones de pintura. La cáscara de naranja y el manchado son el resultado de tener un control pobre de la pistola. Generalmente, yo preparo la pistola ya sea para un diseño de seis pulgadas a seis pulgadas de la pistola, o para un diseño de cuatro pulgadas a cuatro pulgadas de la pistola. Uso el dibujo de seis pulgadas para automóviles y objetos más grandes, y uso el dibujo más pequeño para motocicletas y piezas de menor tamaño. Para esta demostración he cargado la pistola de rocío con imprimador negro, que se va a ver sobre el papel blanco.

EL AJUSTE DEL CONTROL MATERIAL

A mí me gusta dejar el ajuste superior, de aire a los cuernos, bien abierto y ajustar el diseño con el botón material. La primera serie de dibujos demuestra la importancia de mantener limpias a sus pistolas. Aún con una boquilla de aire nueva no puedo obtener un lindo patrón parejo, por lo que me doy por vencido y vuelvo a comenzar con una pistola de rocío distinta.

SECUENCIA NÚMERO DOS

La segunda secuencia sale mejor, esto es más típico de las adaptaciones que usted va aexperimentar antes de comenzar un trabajo de pintura. Básicamente, el diseño comienza siendo demasiado ancho y yo uso el botón material para restringir el patrón hasta que tiene cuatro pulgadas de ancho.

SUPERPOSICIÓN DE DISEÑOS

Las últimas fotografías en esta secuencia ayudan a explicar exactamente lo que quiero decir cuando digo que Usted necesita tener una superposición de diseños del 50 ó 75 % cuando está pintando. Porque usted no puede ser descuidado, ya sea con el tamaño del diseño, la distancia de la pistola al sujeto, o la superposición de una mano con la siguiente.

Nota: A lo largo de este libro, nuestras secuencias de 6 fotografías como la de las páginas 30 y 32 comienzan en la parte de arriba a la izquierda, se leen hacia abajo, luego cruzan a la parte superior derecha y bajan de nuevo.

Pistola 2: A mí me gusta comenzar con el ajuste del ventilador (arriba de todo) bien abierto y el con el botón de materiales girado aproximadamente dos vueltas.

Esta vez comenzamos con la pistola a 4 pulgadas de la pared.

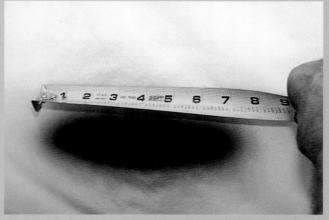

Nuestro objetivo es un diseño de 4 pulgadas de ancho, y nos falta poco.

Modifique El Diseño

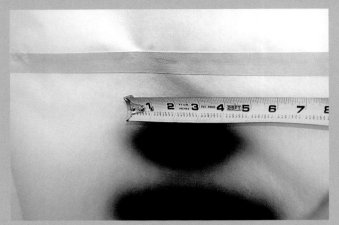

Atornillo el botón de materiales hacia más adentro, ahora obtengo un lindo diseño de apenas más de 4 pulgadas de ancho.

Cuando haga dibujos horizontales los cuernos deben estar vueltos "hacia arriba y hacia abajo", no olvide...

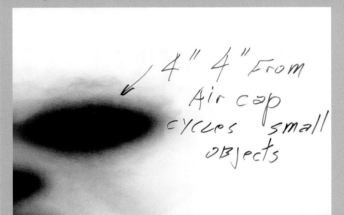

Recomiendo un diseño de 4 pulgadas para objetos pequeños...

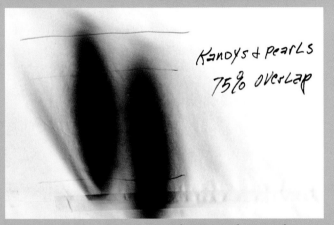

.. de retornalos a su posición horizontal normal cuando haga un diseño vertical estándar.

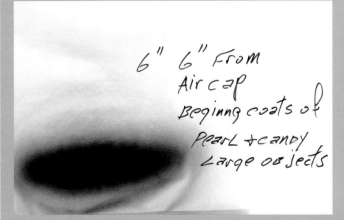

...y un diseño de 6 pulgadas para automóviles y objetos más grandes.

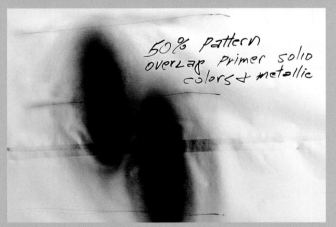

Estas dos demostraciones ilustran cuánta superposición usted necesita cuando coloca kandis/perlas y todo lo demás.

El botón superior de una pistola de rocío típica controla la cantidad de aire que va a los cuernos. Normalmente yo dejo a este control bien abierto.

Sharpe Platinum) está diseñada de modo que cuando usted empuja hacia adentro el boton para material, tambien reduce el tamaño del diseño. Usted debe saber lo que es un buen diseño a escala y como lograr este diseño. Esto se basa generalmente en el tamaño del objeto que usted está pintando, note las ilustraciones sobre diseño en este capítulo.

Mi primer patrón a escala sobre un proyecto de pintura kandy para motocicletas es un patrón de cuatro pulgadas, a cuatro pulgadas de la parte final de la boquilla de aire, y uso una cinta métrica para asegurarme que estoy dentro de ese rango. No adivino. En un automóvil me gusta un diseño de seis pulgadas a seis pulgadas de la pistola, como patrón para empezar. Con los Kandis yo prefiero una

catalizados y rellenadores de rocío, remueva siempre la boquilla para líquidos y límpiela a fondo despues de usarla, cada vez. Esto es algo que se debe hacer.

USO Y AJUSTE DE LA PISTOLA

Cuando se usa una pistola de rocío, lo más importante que debe observarse es la presión de aire. Ésta debe ser la presión especificada por el fabricante de la pistola en cuestión. Y asegúrese usted que realmente tiene esa presión de pistola en la parte final de la manguera de rociado (ya hablamos antes acerca de la caída de presión.) Una cosa que me gusta de la pistola Geo es que tiene un medidor colocado dentro del accesorio en la base de la manija. SADA y Sharpe también tienen medidores de presión incorporados en la manija que le indican la presión a la altura de la pistola. Éstas son las únicas tres pistolas que conozco que tienen este rasgo. Aparte de ésto, es decisión suya, el profesional, la de colocar este medidor y asegurarse que está consiguiendo la presión que se especifica para la pistola, basándose en los pies de manguera que usted tiene dentro de la cabina.

Cuando ajusto una pistola me gusta comenzar con el control del ventilador bien abierto y el botón para material girado aproximadamente dos vueltas. Cada pistola de pintura que existe en el mercado y con la que he trabajado (con la excepción de la

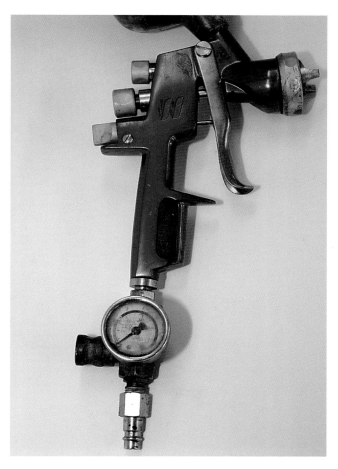

Algunas pistolas, como esta Geo, tienen un medidor incorporado a la manija de modo que usted puede saber siempre exactamente cuanto aire hay en la pistola.

superposición de diseños del 75%; con un diseño de seis pulgadas es un incremento de aproximadamente 1-1/2 pulgadas cada vez. Usted tiene que graficar su objeto antes de comenzar con el rociado y luego utilizar líneas rectas invisibles a medida que va rociando. Tal como mencionáramos repetidamente en el libro, no haga converger sus pases para calzar con el metal de hoja, use líneas rectas invisibles con un pase en forma de banda para que todo esté unificado.

TÉCNICAS DE APLICACIÓN

Yo lo llamo a la técnica: 'poner paralela a la boquilla de aire'. Esto es, la boquilla de aire debe estar paralela a la superficie que usted está tratando de pintar. Asegúrese de no tener el síndrome del pintor perezoso, por el cual usted deja que la pistola se incline hacia abajo y no quede paralela a la superficie. Obviamente en este caso la parte de arriba del diseño va a tener una raya, o si el panel se aleja en la parte de abajo del automóvil y usted no le está apuntando, usted va a rayar desde la parte de arriba del diseño y no desde la parte de abajo del diseño. Yo le digo a los pintores: "Quiero que se comporte como un robot. Usted sabe lo que tiene que hacer, sabe cual es la distancia aproximada de su pistola, usted ha ajustado a la pistola de modo que sabe cual es el tamaño del diseño.'

Muchos pintores fallan cuando tratan de hacer un trabajo de pintura kandy porque usan un disparo de gatillo completo. Usted no puede efectuar un disparo de gatillo completo porque deja que la pintura se desparrame descontroladamente. Luego, para compensar, usted comienza a alejar la pistola de la superficie, lo cual aumenta el tamaño de la gotita con forma de plaquetilla al de casi una gota. Un mayor tamaño de gotita genera el efecto estuco que tambien puede causar una piel de naranja excesiva.

La atomización más pequeña tiene lugar cuando la pistola rompe la pintura a la altura de boquilla de aire.

Si usted observa cuidadosamente a esta pistola Sharpe, puede ver que hay un medidor de presión del tipo de los medidores de llantas incorporado a la manija.

Usted debe saber cuanta presión existe en la pistola, ya sea con un medidor incorporado a la pistola, o con un medidor añadido entre la manija y la manguera. DeVilbiss

A medida que las pequeñas partículas de pintura rociada se alejan de la pistola, se chocan y crecen. Esa es la razón por la cual no queremos ver al pintor trabajando más lejos que a seis o siete pulgadas de la superficie. Es ésta la distancia máxima que recomendamos.

El pintor necesita acostumbrarse a efectuar ajustes a la pistola. También tiene que aprender a trabajar de cerca y a efectuar una superposición de diseños estrecha con los kandis y las perlas. Y, ciertamente, esto lleva tiempo. Usted debe aprender a caminar el largo de un objeto. Si usted está pintando un automóvil, no puede parar a la altura de un guardabarros y luego recomenzar al final de una puerta, porque cada vez que la pistola de rocío se detiene y recomienza, se incrementa el fresado, éste es un acto de física más allá del control del pintor, algo que simplemente sucede. Un trabajo kandy hecho así va a tener la raya oscura alrededor de la puerta debido a los altos y recomienzos en el proceso. Sí, lleva un poco de práctica aprender a caminar y tomar esos pasos cortos y sostener a la pistola adecuadamente como el robot que usted es y utilizar un traje de pintor, pero todo esto vale la pena si usted quiere ser un pintor a medida verdaderamente bueno.

El control de la manguera es una consideración muy importante cuando usted camina. No permita que surjan dobleces en la manguera, siempre mantenga a la manguera detrás de usted para no tropezar. La velocidad con la cual usted camina va a determinar la velocidad de la pistola. Concéntrese en que la pintura dé sobre la superficie.

Lo hemos dicho antes, es esencial que la boquilla de aire se mantenga paralela a la superficie que usted está pintando.

A veces pongo a la manguera sobre mi hombro, de esta manera siempre sé exactamente adonde está. Y nunca tengo más manguera en la cabina de lo que necesito.

Capítulo Cuatro

Camaro Tricolor

Todo tiene que ver con las Manos de Base

Para este capítulo nuestro proyecto es pintar completamente a un Camaro 1977. La carrocería ya se encuentra completamente desnuda, con la pintura removida. La pintura de los paneles de metal de la carrocería fué removida con productos químicos, los grandes parachoques de aluminio fueron sacados del automóvil, vamos a pasar la lijadora de acción dual, imprimar con nuestro KP 2 CF, y luego pintar con color de carrocería. Usted tambien puede aplicar ráfagas de arenilla con aire comprimido al parachoques antes de aplicar el imprimador. Para la remoción química lo mejor es usar lana de acero gruesa una vez que el removedor ha actuado. Los cuchillos para masilla dejan marcas profundas en el

Este es el comienzo del proyecto. Un Camaro 1977 al que se le ha quitado la pintura químicamente. Al trabajar sobre metal desnudo no tenemos que preocuparnos por trabajar sobre el viejo rellenador o por si nuestra pintura va a reaccionar con materiales ya existentes en el automóvil.

metal. Y usted necesita tener una caja o bolsa que contenga a todo el material, asi no se junta en el piso.

MÁS TRABAJO DE PREPARACIÓN

Existen agujeros en la carrocería allí donde se hizo el viejo trabajo de carrocería en el guardabarros delantero izquierdo y donde los emblemas grandes del Camaro habían sido atornillados a la carrocería. Todos estos agujeros van a ser avellanados y luego cerrados con soldadura. Los avellanamos un poco para que la soldadura no penetre en la carrocería. Los pequeños piquitos a lo largo de la parte inferior de la puerta que sostienen a la guarnición, esos van a ser molidos porque no me gusta esa moldura allí de todos modos.

Antes de terminar vamos a volver a reparar las puertas, tambien tenemos que jalar el vidrio y pasarle la lijadora de acción dual (DA) a los bordes de todas las aberturas. En el guardabarros delantero hay una vieja reparación de la carrocería, alguien taladró agujeros y luego empujó la abolladura hacia fuera sin rellenar a los agujeros. Si usted taladra agujeros, necesita soldarlos hasta que queden cerrados luego de haber jalado la abolladura. También podría utilizar una pistola grabadora, y de este modo no tendria agujeros para nada.

A mí me gusta tener metal fresco alrededor de esos agujeros antes de regresar para soldarlos. Y mientras estoy trabajando en esta área me pongo un guante y veo si hay abolladuras. Luego puedo pulir un poco alrededor de esas pequeñas abolladuras, generalmente con un grano 24, de modo que el rellenador tenga de donde agarrarse. El guante es tan importante, usted tiene que mantener sus dedos juntos a medida que los va pasando sobre el área, no separados, y moverse rápidamente por a través del panel. De esta manera, usted va a poder realmente encontrar las abolladuras. Yo veo a los muchachos hacer esto con sus dedos abiertos, y esa es la manera equivocada. Y claro que las cosas van a cambiar un poco luego de que las áreas estén soldadas debido al calor, de modo que voy a volver a pasar por encima del panel con el guante luego que la soldadura esté terminada.

Estamos utilizando un equipo especial de soldadura alimentado vía alambre que está hecho para soldar metales livianos. Luego de soldar hasta cerrar a todos los agujeros vuelvo a pasar por los paneles con la pulidora y elimino todo el metal extra con una almohadilla de grano 24 en la pulidora. Luego

Los parachoques son de aluminio. Les voy a sacar brillo con una lijadora de acción dual antes de pintar.

Me gusta utilizar una broca de taladro que se estrecha en la punta para avellanar los agujeros de la carrocería. De tal modo evito que la clavija soldada se hunda en la carroceria.

Hay unos agujeros pequeños en el guardabarros delantero que son parte de una reparación de abolladura vieja. Me gusta sacarle brillo al área antes de soldar para cerrar los agujeros

Nota: Nuestras páginas con 6 paneles están construidas en base a columnas – se empiezan a leer desde arriba a la izquierda hasta abajo de todo, luego se sigue cruzándose hacia arriba a la derecha, y luego se vuelve a bajar.

Me gusta chequear el panel lo más pronto posible para ver si hay lugares elevados y bajos, y es mucho más fácil sentir esos sitios con un guante puesto en su mano.

Utilizo el soldador con alimentación de alambre, que ha sido preparado para soldar hojas de metal con un alambre más liviano, para cerrar a todos los agujeros pequeños de la carrocería soldándolos.

Luego de cerrar los agujeros soldándolos, derribo las soldaduras con una pequeña fresadora y una almohadilla de grano 24.

Luego de cada sesión de soldadura y fresadura, es importante echar un vistazo al área.

Para golpear y rebajar sitios elevados, una buena manera es usar un martillo con una cuchara, sin crear pequeñas abolladuras con el martillo.

Luego es hora de echar otro vistazo. Una mano experimentada puede ser la mejor herramienta que usted posee.

paso el guante sobre el área y siento si hay algunos puntos bajos. Éstos deben ser retocados con la pulidora para que el barro tenga de donde colgarse. Si hay un lugar bajo usted tiene que lograr que la almohadilla pulidora llegue al fondo del mismo. Esto tiene que ver con la adhesión, queremos asegurarnos que hemos pulido a todas las partes donde vamos a poner barro.

Ahora que he identificado a todos los puntos elevados y bajos, si hay algunos que son excepcionalmente altos deben ser rebajados y hay dos maneras de hacerlo, o bien usando una cuchara o bien usando un punzón. A mí me gusta la cuchara porque transfiere la fuerza del golpe a un área más grande, usted no está simplemente haciendo una serie de abolladuras en el metal.

MEZCLE EL RELLENADOR

Es importante amasar el material endurecedor antes de usarlo. La vida útil en el mostrador es de aproximadamente nueve meses, y usted puede extenderla manteniéndolo en el refrigerador. A los fabricantes no les gusta que se use cartón para mezclar el barro. En realidad usted puede usar cartón si no hay nada impreso en él y si usted no deja al barro puesto sobre el cartón por mucho tiempo, va a absorber la resina en el barro si se lo deja puesto sobre el cartón demasiado tiempo. También puede usted utilizar la paleta plástica para mezclar.

El rellenador y el material endurecedor deben mezclarse a fondo, a mí me gusta hacerlo con un toque liviano, luego un toque mediano, y luego un toque fuerte. También puedo cambiar el ángulo del escurridor de goma mientras estoy trabajando. Luego quito todo de la paleta plástica y comienzo de nuevo con los tres toques diferentes. Usted va a querer que haya uniformidad en el producto mezclado. Si el rellenador y el material endurecedor no están bien mezclados el barro se mantiene blando y luego genera una burbuja.

Si se usa el rellenador Gold Rage, una mayor cantidad de material endurecedor en la mezcla hace que el producto se vuelva más oscuro. De hecho, los fabricantes proveen una cartilla de colores que usted puede usar de guía. Si no está bien mezclado, usted va a notar que se producen rayas. Yo le digo a la gente que se tomen el tiempo necesario para leer las instrucciones del fabricante.

Usted necesita limpiar bien la paleta con un pincel de pelo de caballo para limpieza de partes, acetona, y algunos trapos viejos. Primero, yo le paso el trapo al escurridor de goma, luego a la tabla de

Luego de mezclar el rellenador a fondo, comienzo a aplicarlo en el guardabarros izquierdo delantero.

Si usted se toma su tiempo durante la aplicación - aplicando sólo la cantidad de barro que se necesita - va a ahorrar tiempo en el lijado y acabado más tarde.

Yo distribuyo el barro a través de toda la puerta para obtener una aplicación lisa y linda.

Se requieren dos aplicaciones para lograr una mano de rellenador lisa en el centro de la puerta.

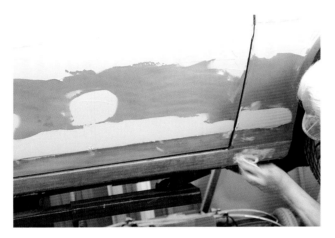

La parte inferior de la puerta y el zócalo requieren su propia aplicación.

Para lijar el automóvil usamos un sistema que no genera polvo de Hutchens, el que minimiza el polvo en el aire del taller.

La lijadora grande de acción dual equipada con una almohadilla de grano 40 es un gran instrumento para modelar el barro temprano en el proceso.

Luego de pasar por todas las áreas rellenadas con la lijadora **grande** de acción dual - el mud hog -, me gusta repasarlas de nuevo con una lijadora de bloque que funciona con aire - el 'power stick' (que tampoco genera polvo) equipado con un papel de grano 36.

Me gusta controlar mi progreso frecuentemente. El guante me ayuda a identificar sitios elevados y bajos, y a no transferir los aceites de mi mano a la carrocería.

mezclar. De este modo no necesito preocuparme de que el nuevo lote se haya contaminado con el último lote.

APLICACIÓN Y LIJADO

Si usted tiene suerte, va a poder hacerlo todo en una vez. Por toda la puerta hay puntos bajos, de modo que vuelvo y pulo toda la puerta antes de regresar con el barro.

Me gusta extender el barro por sobre toda la puerta si es posible. Se necesitan dos aplicaciones para lograr que el lado izquierdo quede cubierto con una buena capa de rellenador. Antes que se endurezca completamente, tomo un cuchillo y recorto el exceso de rellenador en las áreas donde sé que no quiero tenerlo.

Estamos puliendo ésto con un sistema que no genera polvo. Cuando usted usa un instrumento que no genera polvo como esta lijadora **grande** de acción dual -el mud hog-, tiene que cuidar como coloca el papel.

Cuando está buscando los puntos altos y bajos es muy importante que usted use un guante. De este modo, a medida que estoy chequeando con mi mano el trabajo de carrocería y el progreso, no estoy transfiriendo los aceites de mi piel al metal.

El barro le habla a usted, observe el punto bajo en la sección inferior de la izquierda del guardabarros delantero, ese punto oscuro indica que la lijadora **grande** de acción dual no lo tocó y la razón es porque esa área es baja. Estoy usando un grano 36 en la lijadora de bloque que funciona con aire - el 'power stick' - y un grano 40 en la lijadora **grande** de acción dual que no genera polvo.

Luego de cubrir todo el costado del automóvil con la lijadora **grande** de acción dual, volvemos a repasarlo con la lijadora de bloque que funciona con aire, que también es parte de este sistema que no genera polvo. Ahora quiero repasar el costado entero con un bloque de lijado. Quiero que esto sea rápido y tengo un papel de grano 36 en el bloque.

El bloqueo a mano nos señala más puntos bajos, así que pienso que vamos a retornar y poner una capa de piel sobre el área. Para estar seguro que el barro se adhiere a todas las superficies de metal, voy a pasar por toda la piel de la puerta con una lijadora de acción dual y una almohadilla de grano 80. En realidad podría haber hecho esto antes de comenzar con el trabajo de rellenado. Usted necesita soplar el automóvil con ráfagas de aire comprimido y pasar un trapo limpio antes de aplicar más rellenador.

El barro le dice todo, las áreas oscuras nunca fueron lijadas, porque son bajas.

Antes de hacer otra aplicación, paso por encima del rellenador con un bloque de lijado largo equipado con papel de grano 36.

Dado que hay sitios bajos necesitamos cubrir toda la puerta con una mano fina pero antes de hacerlo debemos repasar toda la puerta con una lijadora de acción dual y grano 80.

41

Luego de soplar todo el automóvil, comienzo con la aplicación de la segunda mano de material rellenador, tratando de no poner más de lo necesario.

Antes de aplicar el rellenador al aerosol es importante quitar todo el polvo de la carrocería, soplándola.

La secuencia aquí es casi igual a la que seguí después de la primera aplicación. Excepto que voy de la lijadora **grande** de acción dual con grano 40 …

La pistola que estamos usando es una HVLP de DeVilbiss alimentada a gravedad, para mover el material rellenador al aerosol que es más pesado necesitamos la boquilla de 2.0 mm que se ve a la derecha.

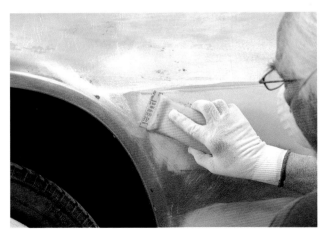

… directamente al bloque manual con grano 36.

No importa lo que usted esté rociando, es una buena idea efectuar un diseño de prueba.

SEGUNDA APLICACIÓN DE BARRO

Si usted mira las fotografías (en la página 42) puede ver que no estoy colocando al rellenador en forma muy espesa. La idea es colocarlo lo mejor que usted sepa. Yo agrego cuidadosamente la segunda aplicación todo a lo largo del automóvil, mezclando sólo una cantidad relativamente pequeña cada vez.

Luego vengo con una lijadora bien grande de acción dual y papel de grano 40 para rebajarlo cerca y luego continúo prácticamente con la misma secuencia que seguí con la primera aplicación de barro. Pasando por el lado izquierdo con la lijadora **grande** de acción dual usted puede ver que hemos llenado los puntos bajos que quedaron luego de la primera aplicación. Luego continúo con el bloque manual con grano 36. El bloqueado es muy importante. Para que el trabajo quede perfecto, es necesario que haga usted todavía trabajo manual. Ahora vuelvo a pasar una vez más sobre el automóvil con un bloque y papel de grano 80 para rebajar los puntos altos que quedaron del grano 36.

MASILLA EN AEROSOL

A esta altura hemos cubierto todo el automóvil y realizado toda la labor de carrocería básica con grano 40 y 36. Me gusta observar el barro que ha quedado después de usar los granos 40 ó 36 y luego quitar los picos de los sitios altos con un grano 80. Cuando todo se ha efectuado con grano 80, es más difícil que el imprimador haga de puente entre el metal y el trabajo de carrocería. Es por ello que no me gusta ver a la gente efectuar un exceso de acabado del trabajo de carrocería. Deje que el imprimador sea el puente entre el trabajo de carrocería y el sustrato.

Cuando un automóvil ha experimentado remoción química, como éste, es importante lijar a todo el metal, no solamente a las áreas próximas a donde se hizo el trabajo de carrocería, porque el material químico usado para remover deja al metal en una condición que afecta la adhesión del rellenador. Tanto si se trata de fibra de vidrio como si se trata de acero, me gusta un grabado de grano 80, así sabe usted que el imprimador va a adherirse. Y me gusta usar una lijadora orbital, como un lijadora DA de acción doble, y no una pulidora porque la pulidora va a dejar marcas con forma de remolino.

Ahora enmascaro las ventanas. Para esto se pueden usar pedazos grandes de cartón pegados con cinta en los bordes si se quita el vidrio. Antes de continuar necesito limpiar el coche con aire de alta presión. El paso siguiente es lavarlo con KC 20.

El rellenador al aerosol debe aplicarse rápidamente después de ser mezclado. Estos rellenadores se pueden obtener de DeBeer y Fibre Glass-Evercoat.

Al igual que cualquier material de pintura, el rellenador al aerosol debe aplicarse siguiendo técnicas de pintura de línea recta.

Una vez que ha sido colocado, el rellenador al aerosol se ve como cualquier otra mano de imprimador.

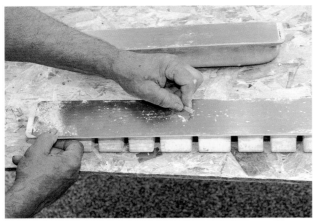

El papel de lija no va a quedar totalmente plano sobre el bloque de lijado a menos que usted logre sacar todo el adhesivo viejo que ha quedado de antes.

La mano guía solo tarda un minuto en secar, luego comienzo a lijar con el bloque (con las varillas puestas) utilizando un papel de grano 80 en el bloque.

Estas lijadoras de bloque de Adjustable Flexibility Sanders son excelentes. Pueden usarse con o sin las varillas para funcionar en casi todas las situaciones.

La llamamos 'mano guía' porque la pintura que queda lo guía a los lugares bajos…

Volvemos al trabajo de carrocería. La aplicación de una mano guía es el paso siguiente – en este caso utilizo un imprimador oscuro modificado.

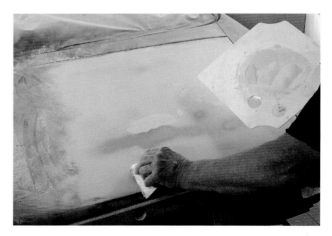

…a los que llenamos con masilla catalizada para lugares específicos.

Este nuevo rellenador de carrocería al aerosol coloca 2 mils por capa, eso es mucho. Es como si se tomara un rellenador de carrocería plástico y se lo redujera para poder colocarlo en forma de rocío. Usted no puede pintar sobre el rellenador al aerosol porque va a absorber la pintura, debe primero usar imprimador. El imprimador que estamos usando aqui es el KP-2 CFA y el KP-2 CFB, ambos productos están libres de cromato.

Necesitamos una boquilla de 2.0 ó 1.8mm para la pistola de pintura para poder disparar el rellenador al aerosol. Necesitamos la boquilla más grande para poder mover a este material más pesado. La pistola es una DeVilbiss de alimentación a gravedad, HVLP serie "PRi" (el número de la parte es: Pri-601G-14). Observe tambien las fotos de los dos accesorios de acople para la entrada de las mangueras (página 8), y note cuanto más grande es el diámetro interno en uno que en el otro. Para HVLP, usted necesita un gran volúmen de aire, y eso incluye a la manguera, que debiera ser de 3/8 I.D., y a los accesorios más grandes.

El rellenador al aerosol usa un endurecedor de metil etil ketona, no es un producto de isocianato como la pintura catalizada. Luego de agregar el producto endurecedor y mezclarlo con el rellenador sin sacudirlo, yo rocío el rellenador rápidamente. Este material se fija tan rápidamente que no le queda a usted mucho tiempo despues de colocar el endurecedor. A esta altura nosotros enmascaramos, fuera de orden porque en realidad debiéramos haberlo hecho antes que el rellenador al aerosol fuera mezclado.

El rellenador al aerosol se rocía del mismo modo que se rocía la pintura o el imprimador. Yo empiezo verificando el diseño que sale de la pistola sobre un pedazo de papel que he pegado con cinta sobre la pared de la cabina de rociado (página 42). A continuación comienzo con el rincón delantero derecho del automóvil y sigo haciendo lo mismo dando la vuelta alrededor del automóvil, siempre rociando en línea recta, con una superposición del 50% entre pase y pase. Tengo la pistola puesta a 40 psi a la altura de la pared y a 36 a la altura de la pistola. Usted puede colocar inmediatamente una segunda mano del rellenador al aerosol luego de aplicar la primera, se fija rápidamente.

Mano Guía /Bloques de Lijado

A continuación colocamos manos guía sobre todas las áreas donde pusimos ayer el rellenador al aerosol. Existe un producto de Tepo que viene en

El bloque de lijado equipado con grano 80 asegurará que el área masillada esté nivelada con el resto del baúl.

Antes del imprimador final, finalizo enmascarando el automóvil, incluyendo a las áreas debajo del capó. Esto también atrapa al polvo que pudiera volar durante el proceso de pintura.

Es importante pasar el trapo al automóvil con un líquido de lavado de limpieza final apropiado (no con alquitrán/cera y removedor de grasa) antes de aplicar el imprimador final.

Pasarle el trapo al automovil es un proceso de pasos múltiples. La etapa final es lo que yo llamo 'soplar y trapear'.

No debe Usted descuidarse aquí porque sólo se trata del imprimador. Esta es la sesión de práctica para la pintura de base y de kandy que sigue.

Note como cada vez yo sigo una línea recta, con una superposición del 50% entre capa y capa.

una lata de aerosol, pero en este caso yo he diluído en exceso el imprimador gris oscuro número setenta y lo estoy usando como mano guía.

Muy bien, ahora preparamos nuestros bloques. Primero, me gusta pasar la hojita de afeitar sobre las almohadillas (note la fotografía en la página 44) para estar seguro que están limpias antes de colocar el papel nuevo. A veces, cuando usted saca el papel viejo, deja algún residuo, lo que ha sucedido aquí. La hoja de afeitar es una buena manera de asegurar que no quede nada de ese residuo. Los bloques por sí mismos son bastante interesantes. A mí me gustan esas almohadillas flexibles porque sin las varillas se van a amoldar a la forma de un guardabarros, si coloco una varilla todavía va a estar un poco flexible y cuando quiero rigidez total, simplemente coloco adentro las tres varillas.

También me gusta el bloqueador orbital fabricado por National Detroit. Es muy bueno para llegar hasta abajo, esas áreas son tan difíciles de alcanzar cuando el automóvil no está sobre un montacargas. Yo le digo a los pintores a medida: 'Cuando usted pueda usar un instrumento para llegar de cerca, hágalo. Le ahorra mucho tiempo.'

Yo uso un bloqueador orbital propulsado con aire y una gran lijadora de acción dual de ocho pulgadas para hacer trabajos delicados en las partes planas, resulta muy bueno sobre áreas planas grandes. En lo que hace al trabajo de carrocería existen algunos otros instrumentos que me gusta utilizar, éstos incluyen a las lijadoras orbitales y de línea recta de tres, cinco y seis pulgadas que utilizan papel de 16-5/8X2-3/4. Estas lijadoras son todas lijadoras que no aspiran, de Atcoa.

A veces, cuando usted está trabajando sobre la segunda o tercera capa del rellenador, es una buena idea comenzar a lijar antes que la nueva aplicación se endurezca. De tal modo, usted puede trabajar sobre el material nuevo sin penetrar el material viejo. La gente comete el error de esperar que la segunda capa se seque y luego, cuando lijan, también penetran la primera capa. Este es el momento en que usted empieza a andar en círculos. Una vez que tocamos el puro metal, hasta allí podemos llegar. Y las áreas oscuras son capas guía que no habíamos lijado, estas son las áreas bajas que quedaron.

Utilizamos masilla de vidriado para rellenar esas áreas pequeñas. Lo que uso en el Camaro es masilla de vidriado catalizada. Es muy buen rellenador y muy rápido. Este material se fija tan rápidamente que usted debe correr hacia el automóvil ni bien lo ha mezclado. Si usted está listo para pintar un automóvil, puede colocar masilla en un área pequeña inmediatamente antes de pintar. Luego de mezclarla, usted no tiene cinco minutos. La idea es colocarla en una capa fina y prolija para no tener que hacer mucho lijado después. Yo estoy usando un grano 80 aquí, para lijar tanto al rellenador al aerosol como a la masilla para sitios pequeños. También vamos a hacer algo de trabajo en ese cuarto, el cuarto izquierdo trasero.

He pasado por toda la carrocería con grano 80, de hecho encontré algunas abolladuras pequeñas más en el techo, a las qué reparé. La guarnición o moldura está fuera de los vidrios de adelante y de atrás. Para limpiar vidrios utilizo un trapo húmedo con un poquito de Acetona, lo que permite hacer un muy buen trabajo de limpieza y eliminación del exceso de rociado.

El imprimador que estamos usando aquí es el KP-2 CFA KP-2 CFB, material imprimador de superficie de epoxi Kwikure. La siglas CF en estos productos quieren decir 'libre de cromatos' ('Chromate free' en inglés – Nota del Traductor).

COLOCADO DE LA CINTA DE ENMASCARADO

Me gusta pegar a la llave con cinta en su sitio en el baúl, para asegurarme que lo puedo abrir. A veces la cinta no se va a adherir a la goma que está en la puerta y en el baúl. En esos casos, se puede usar el promotor de adhesión AP 01, sólo una capa de rocío liviano como una neblina, para ayudar a que la cinta se adhiera a la goma. En este caso no tenemos ningún problema, la cinta se pega bastante bien.

Ahora debo limpiar al automóvil soplándolo con ráfagas de aire comprimido antes de pegar más cinta. Luego comienzo debajo del capó (página 45). Algunas personas usan poly, pero yo sólamente usaré papel para esto. Me gusta cubrir todo el motor, luego saco el vidrio de la puerta e instalo el cartón en las puertas. Y estamos listos para mezclar el imprimador.

Para pasarle el trapo a todo el automóvil me gusta utilizar dos trapos que he doblado prolijamente. Pongo el líquido de lavado de limpieza final en uno de los trapos y lo paso primero con ese trapo sobre todo el automóvil y luego seco con un segundo trapo, trabajando un área de dos por dos, por vez.

Luego de permitir que el imprimador se cure y de aplicar otra mano guía liviana, comienzo a lijar con bloque siguiendo un dibujo en forma de X, usando papel de grano 400.

Estos bloques de lijado pequeños, redondos y flexibles son perfectos para los labios de guardabarros y otras áreas cóncavas.

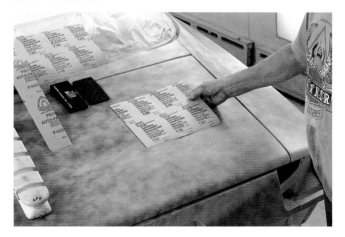

Las grandes hojas de papel de 3M deben ser cortadas para que quepan sobre los pequeños bloques de lijado flexibles.

Hay varias maneras de cortar las grandes hojas de papel de lija. Primero, corto al papel en tercios…

El diseño que tengo en mente para este automóvil se hará con tres colores de base diferentes, todos ellos cubiertos con la misma capa superior de kandy.

…luego lo uso para envolver al bloque como se indica.

Luego de encontrar el centro del automóvil, comienzo a colocar la raya superior a ojo utilizando cinta de enmascarado convencional.

Estos pequeños bloques caben realmente bien en la palma de su mano.

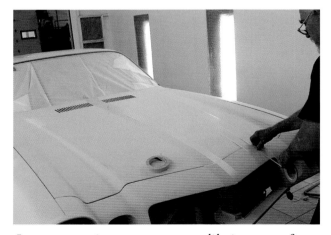

Lo correcto o incorrecto en estos dibujos es con frecuencia simplemente una cuestión de lo que a uno le gusta. No tema sacar la cinta y recomenzar con una forma o diseño.

EL IMPRIMADOR

Ambas partes del imprimador deben ser sacudidas o mezcladas a fondo antes de ser mezcladas conjuntamente; luego, despues de haber sido mezcladas conjuntamente, la mezcla debe ser sacudida o mezclada a fondo de nuevo. Luego de haberse mezclado, tiene una vida útil de entre dos a cuatro horas.

Yo siempre uso un trapo de polvo de Crystal, es la compañía más grande que hay. Es importante que usted saque el trapo de polvo del paquete y lo abra 20 minutos antes de usarlo. Luego, una vez que se haya aireado, apriételo y conviértalo en una pelota suelta. Yo llamo al proceso de repasar todo el automóvil con el trapo de polvo, mientras lo estoy soplando totalmente y al mismo tiempo con la pistola de aire, 'airear y trapear'.

Para rociar el imprimador uso una pistola imprimadora de alimentación por gravedad HVLP de DeVilbiss con una punta de 1.8mm, funcionando a 40 psi a la altura del regulador. Usted debe siempre tener el mismo cuidado cuando trabaja con el imprimador que cuando coloca las manos de arriba. La aplicación del imprimador es una buena oportunidad para practicar sus diseños para el trabajo de kandy. Yo soy soy muy cuidadoso con mi distancia de pistola y preparo todo y disparo en líneas rectas, usando un diseño de línea recta con superposición del 50%. En total, voy a colocar tres manos de imprimador en este automóvil con dos manos extras en las áreas donde hay trabajo de carrocería. Una vez rociado, el imprimador debe fijarse durante 24 horas a 70 grados. En caso contrario, usted va a tener semillas en el papel de lija porque el imprimador está parcialmente curado.

OTRA MANO GUÍA

A esta altura, yo le coloco una mano guía a todo el automóvil. Y luego es el momento de lijar todo con bloque. Creo que encontré todas las áreas que necesitan trabajo de carrocería pero esto nos va a decir con exactitud. Estamos lijando con grano 400 mojado, las rayas las puedo poner en el bloque, las hojas de 3M las puedo cortar y usar en mi mano. Hay varias maneras de doblar el papel de modo que usted lo pueda usar en cualquier dirección sin que se le haga una pelota en la mano. Cuando encontramos un área baja, nos concentramos ahí.

Para esas áreas redondeadas usted puede usar uno de esos bloques de lijado redondos, son también flexibles. El Dura-Block con su forma redonda es maravilloso para lugares como el área cóncava en la

Una vez que consigo una forma que me gusta, verifico las dimensiones...

...para poder duplicar la raya en el otro lado.

La cinta de enmascarado de un cuarto de pulgada es el instrumento que elijo para hacer el dibujo básico.

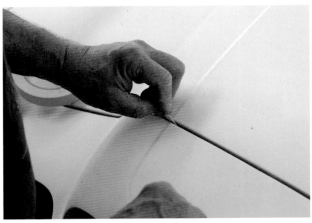

Utilizo una hojita de afeitar para cortar la cinta en el lugar en que cruza la brecha del capó. Esa área va a ser enmascarada más tarde.

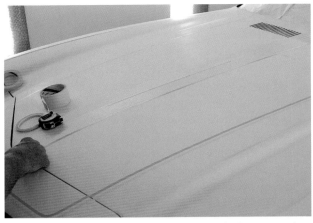

Aquí usted puede ver como he colocado la cinta plástica verde a lo largo del interior de la cinta de enmascarado de crepé. Esto va a formar una fina raya en el borde interior del dibujo.

Luego de definir la raya con cinta de enmascarado de un cuarto de pulgada, sigo a lo largo de la parte de adentro...

Es importante enmascarar a este espacio en la parte delantera del capó.

...con una cinta de plástico de un cuarto de pulgada. Este material debe colocarse sin mucha tensión, pues sino se separará luego de la carrocería.

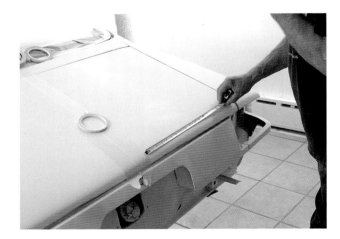

Inicialmente, coloco la raya atrás con las mismas dimensiones que las que usara en el capó...

parte superior del cuarto, donde el bloque de lijado normal no funciona.

Ahora la carrocería está completamente imprimada. Estamos haciendo la última colocación de cintas antes de aplicar la mano de base. Luego de pegar las cintas me gusta pasarle el trapo a todo el automóvil y soplarlo con aire comprimido.

Nota: Reparé algunas abolladuras más justo antes de colocar el sellador y las manos de base, y utilicé un imprimador de curación rápida, el que tiene un color ligeramente diferente.

COMPOSICIÓN DEL DISEÑO

Yo le digo a la gente, 'encuentre primero el centro, luego establezca la forma de la raya en un lado a ojo, mídala, y duplíquela en el otro capó.' Estamos utilizando tres manos de base diferentes para crear el diseño en este automóvil. Si bien este es un Camaro tardío, quiero poner una raya tipo Yenko en el automóvil.

Primero, elijo una forma que me gusta. Luego la tapo con un pedazo de 1/4 de pulgada de cinta de enmascarado normal, una cinta de enmascarado normal de del lado de adentro, luego aplico toda la cinta plástica de 1/4 pulgada, colocada contra la cinta de enmascarado de 1/4 pulgada. Lo último que hago es jalar la cinta guía, dejando a la cinta plástica. Cuando coloco una cinta cualquiera, pero especialmente la cinta plástica, no debo dejar que haya mucha tensión en la cinta. Usted tiene que relajar a la cinta antes de pegarla. Una de las cosas que voy a hacer es abrir el capó y continuar la raya a lo largo de la parte de adelante del capó.

Tratamos de medir a las rayas de atrás sobre el baúl igual que adelante, luego quitamos algo de cinta y vemos si nos gusta la forma ó no. Pero parece que es demasiado ancha atrás, de modo que quitamos otro pedazo de cinta. La cinta se arregla fácilmente. A veces usted tiene que seguir a su ojo, no a la cinta de medir. A

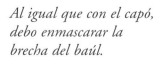

Al igual que con el capó, debo enmascarar la brecha del baúl.

Pero el diseño inicial se vé demasiado ancho atrás.

Así que lo volvemos a colocar a ojo y me gustan los resultados mucho más.

Elijo hojas de papel de enmascarar para tapar el resto del automóvil.

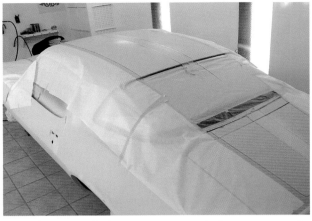

La colocación de la raya a través de la parte superior es relativamente fácil, y luego puedo enmascarar al resto del automóvil.

Incluyendo al área que queda a cada lado del baúl.

Nuevamente, tenemos que pasarle el trapo al automóvil con KC 20.

A veces es realmente más fácil ver el diseño con el papel de enmascarar colocado. En este caso yo decido rayar al techo igual que al capó y al baúl.

Usted no tiene que usar el sellador tal como sale de la lata, es una buena idea mezclar colores y crear un color parecido a la mano de base que sigue después.

mí me gusta la raya más estrecha de atrás y es así como vamos a hacerlo.

Luego de hacer la forma que me gusta con la cinta guía, vuelvo con la cinta plástica de 1/4 de pulgada y quito la cinta guía. Como en el caso del capó, quiero cortar la cinta allí donde el baúl se junta con la carrocería, luego abrir el baúl y cubrir la abertura con cinta. Luego enmascaramos el automóvil con papel de 16 pulgadas, esto es lo mínimo que uso en una aplicación como ésta. Mientras estoy enmascarando me gusta apretar todos los bordes de la cinta hacia abajo para asegurarme que esté bien pegada.

Ahora quiero pasarle un trapo ligeramente humedecido con el líquido de lavado de limpieza final. No pude decidir si continuar o no con la raya en la parte superior del automóvil, los Yenkos no lo hicieron. Pero una vez que decido ponerle la raya a la parte de arriba, lo primero que hago es encontrar el centro. Utilizo medidas transferidas del capó y de la tapa del baúl. La colocación del resto de las rayas es fácil.

Una vez que hemos colocado la cinta en el techo, a mí me gusta el efecto total pero se ve muy estrecho en la parte de atrás. Nuevamente, este es el momento para criticar el trabajo, antes que usted comience a pintar. De vuelta debe usted confiar en su ojo. Yo decido volver a colocar cinta y esta vez angosto la cinta en sólo 1/2 pulgada cuando se acerca a la parte trasera del automóvil.

Ahora lo froto con el limpiador KC 20, es tan importante limpiar el automóvil y deshacerse de cualquier cosa que pueda interferir con la habilidad de la pintura de adherirse al automóvil. Todavía tenemos que trapear y soplar aire sobre el automóvil, y entonces estamos listos para pintar.

Soplar y trapear es el último paso antes de la aplicación de la mano de base…

…excepto que me gusta chequear el dibujo para asegurarme que tiene 6 pulgadas de ancho a 6 pulgadas de la superficie.

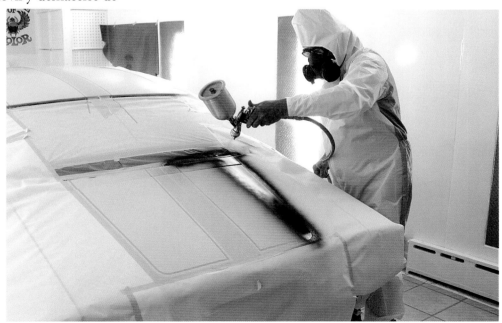

Rocío mi franja de sellador por la parte superior del panel que se encuentra justo debajo de la ventana trasera, delante del baúl, luego comienzo con el patron en linea recta…

... rociando hacia arriba y hacia abajo por la tapa del baúl, con una superposición del 50% entre cada pase.

Para aplicar la mano de base metálica, quiero un abanico de seis pulgadas a no más de seis pulgadas de la superficie. Si usted se mueve demasiado rápido puede dar lugar a asperezas.

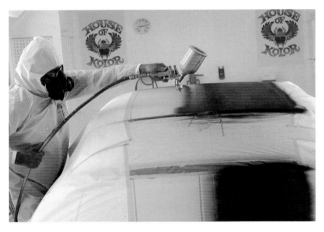

Cuando he terminado con el lado derecho, me paso al lado izquierdo, aplicando sellador primero al capó, luego arriba, y finalmente al baúl.

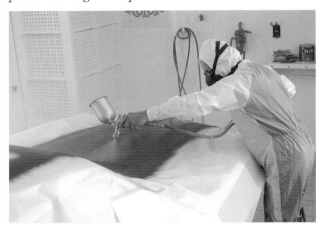

Lineas rectas, usted debe hacer líneas rectas cuando aplica todo tipo de pintura.

Luego de aplicar una capa única de sellador, aún debo pasarle el trapo de polvo a todo el trabajo antes de aplicar la mano de base.

Con material de escamas, la superposición entre pases es del 75 %. Yo coloco un total de 3 capas de base.

DIFERENTES BASES – DIFERENTES SELLADORES

Es importante utilizar un sellador que tenga un color parecido al de la mano de base. Por debajo del diamante negro que estamos usando en la parte superior del automóvil yo uso sellador KS 11 negro, mezclado con KU 150, (aunque usted también puede usar el KU 100). Los selladores a veces se asientan, a veces cuando abro una de las latas resulta que hay grumos en el fondo, la única manera de superar esto es mezclándolo. Muchos pintores fallan exactamente aquí, en el banco de pintura.

En este caso yo uso una mano de sellador. Primero chequeo el diseño; en este caso quiero un abanico de seis pulgadas a seis pulgadas de la superficie, yo no necesito un abanico de 8 pulgadas y no quiero alejarme más de cinco o seis pulgadas del automóvil.

PINTE EL BAÚL, LA PARTE SUPERIOR Y EL CAPÓ

Luego de aplicar el sellador le vuelvo a pasar el trapo de polvo, luego mezclo el diamante negro, MBC 03, dos partes de pintura a una parte de reducidor, sin ningun catalizador. He decidido usar medio 311, reducidor mediano, y medio 310, reducidor rápido, porque las cosas se secan demasiado rápido en la cabina (hace más de 80 grados en el taller hoy). Debido al metálico, a veces uso una boquilla más grande, pero al mirar esta pintura decido que me voy a quedar con la boquilla de 1.3 en la pistola DeVilbiss Plus. Sin embargo, voy a abrir un poco el diseño.

PINTE LOS COSTADOS

Estamos usando platino en los costados, MBC 02. El color es un gris plateado, así que necesitamos un sellador que sea apenas un poco más oscuro. Decido probar el sellador metálico KS 12 oscurecido con sellador negro, KS 11, debajo del platino. La relación de mezclado es 4:1:1 (se trata de material catalizado). Como siempre, hago primero un panel de prueba para chequear el abanico. Luego

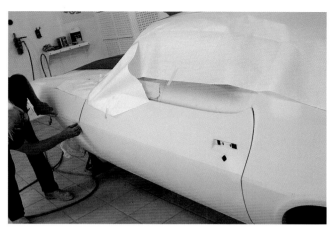

Ahora enmascaro el panel inferior, utilizando la línea de carrocería como punto de interrupción del color.

Luego de enmascarar la parte superior de la carrocería y pasar el trapo de polvo por la superficie, estamos listos para el sellador.

El sellador gris es una mezcla especial (ver el texto).

55

Cuando usted pinta los costados se tiene que mover contínuamente, tiene que caminar el automóvil sin parar...

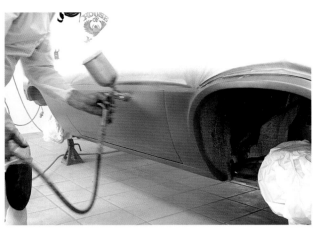

Sigue la mano de base MBC 02. La superposición de manos debe ser del 75%.

...mientras mantiene a la pistola a 90 grados de la superficie.

Yo coloco un total de 3 capas de la mano de base de platino, esperando a que cada mano comience a evaporarse o hacer flash antes de aplicar la mano siguiente.

A veces se necesitan dos manos de sellador para obtener una cobertura buena y pareja.

Saco al papel inmediatamente. A esta altura, usted realmente puede ver el diseño. Y todavía tenemos que colocar el oro pálido en la parte superior principal de la carrocería.

de colocar una mano puedo ver que para obtener una cobertura linda y pareja sin manchado tendré que colocar 2 capas del sellador.

Luego de la segunda capa del sellador metálico tendremos que matar un poco de tiempo y dejar que el sellador se evapore o haga "flash" . Si ponemos la mano de base demasiado pronto, se va a levantar y no queremos que eso suceda. Si esperamos demasiado tiempo la base va a estar excesivamente seca, lo que puede causar deslaminación.

La mano de base de platino se mezcla en una relación de 2:1, sin catalizador alguno. Colocamos tres manos de platino, MBC 02. Para esto voy a usar una boquilla de 1.5mm y obstruirla levemente, la pintura se debe pegar en los costados, allí es precisamente adonde no quiere ir. Usted no debe esperar demasiado tiempo para quitar la cinta. Especialmente cuando hace calor, la cinta se puede volver muy difícil de sacar. También puede transferir el adhesivo al imprimador si se la deja puesta demasiado tiempo.

ENMASCARADO REVERTIDO

A esta altura tenemos que enmascarar en forma revertida todas las áreas que pintamos ayer. Sobre las rayas estrechas utilizo una cinta de enmascarar de 1/4 pulgada, y luego uso una cinta más ancha y papel para enmascarar el resto. Lo que quiero ver en estas áreas en que coloco la cinta a la inversa, es que haya un ancho de cabello de color negro visible, eso me dice que estoy haciendo las cosas bien. De esta manera yo sé que no tendré imprimador alguno trasluciendo cuando el trabajo esté finalizado.

Yo uso cinta de enmascarar normal en las áreas superiores, pero en la línea de quiebre al costado del automóvil utilizo una cinta plástica, porque la pintura va a estar desparramándose

Comenzamos a hacer el enmascarado revertido con cinta de enmascarar convencional…

…aunque yo uso papel para las áreas más grandes y cinta plástica en los costados.

El sellador se coloca con una pistola DeVilbiss Plus y una boquilla de 1.3. Hacen falta dos manos medianas para obtener una buena cobertura.

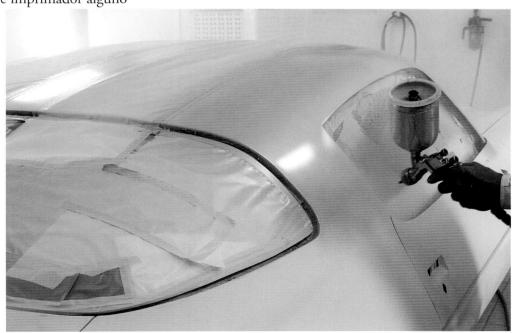

El sellador que mezclamos coordina con el color MBC tan bien que es difícil distinguir al uno del otro.

También ayuda si se jala la cinta pronto, y no más tarde.

Hacen falta 3 capas del oro pálido MBC para obtener una buena cobertura.

La pintura siempre se eleva allí donde se junta con el borde de la cinta, la cuchilla desafilada permite eliminar ese borde.

Es importante jalar adelante de y en dirección contraria a la pintura para evitar arrancar pintura del automóvil.

Una frotada con una almohadilla Scotch-brite es el siguiente paso antes de la aplicación de pintura kandy.

hacia abajo y va a querer colarse por debajo del borde de la cinta. La cinta plástica resiste mejor a la pintura en estas situaciones que la cinta de crepé. Con la cinta plástica me gusta sostener el rollo bastante lejos delante mío y guiarla con una mano mientras la empujo hacia abajo con la otra. Luego de tener a la cinta de plástico en su lugar, enmascaro el resto de los paneles inferiores con papel.

Ahora froto todo el automóvil con dos trapos. Le digo a la gente "nunca moje más de lo que puede pasar con el trapo antes que se seque'

LA TERCERA MANO DE BASE

Antes de aplicar la mano de base de oro metálica, MBC 01, debo colocar un sellador cuyo color coordina con el de la mano de base. Para crear un sellador con el color correcto, comienzo con sellador blanco, KS 10, y le agrego concentrado de kandy dorado Español KK 14 para obtener un aspecto dorado similar al de la mano de base.

Esto no funciona, el color es demasiado amarillo. Entonces intento con el sellador metálico KS 12 y un poco de intensificador dorado Español KK 14. Esto me da un lindo color dorado pálido que es sólo un poco más oscuro que la base metálica, exactamente lo que estoy buscando. Le digo a la gente que no está mal cometer un error de vez en cuando, usted necesita experimentar y probar cosas nuevas.

La razón de la mezcla para esto es de nuevo 4:1:1. Estoy usando catalizador KU 150 y reductor RU 310, con sólo un poquito de 311 porque la temperatura en el taller supera los 80 grados. La pistola que estoy utilizando es una HVLP alimentada a gravedad con una boquilla de 1.3mm.

Antes de aplicar esta base sólo tenemos que pasar el trapo de polvo y soplar el automóvil. Estoy utilizando un diseño de seis pulgadas a seis pulgadas del automóvil. Para la mano de sellador, simplemente necesita usted obtener buena cobertura, si logra cubrirlo en una sóla vez será suficiente, pero es raro que suceda. En general se necesitan dos manos. La boquilla de 1.3 funciona realmente bien con esta pistola Plus de DeVilbiss, si fuera aún un poco mas grande yo tendría manchas, y no las tengo. El sellador quedó tan bien que casi lo podría usar como base.

La mezcla para la mano de base es 2:1 estamos usando todo 310 sin nada de 311, porque quiero terminar rápido con esto. La mano de base puede aplicarse en aproximadamente 60 minutos, aunque un reducidor rápido o temperaturas cálidas pueden acelerar el proceso. Cuando camino el automóvil,

Aquí estoy soplando al automóvil, y todavía tengo que frotar y repasar la superficie con un trapo de polvo. El KC 20 es el único líquido de lavado de limpieza final que no va a dañar las bases.

Aún luego de todos estos años trato de ser muy exacto y cuidadoso cuando preparo mi pistola. Para la pintura kandy quiero un abanico de 6 pulgadas a 6 pulgadas del automóvil.

Un banquillo es muy útil, éste tiene 2 escalones y un aro para afirmar las rodillas. A mí me gusta comenzar en el techo con mi técnica de línea recta.

Aquí puede ver de nuevo como mantengo a cada pase derecho…

Lleva disciplina y práctica conservar la misma distancia entre la pistola y la superficie, y mantener a la pistola siempre apuntando al panel a 90 grados.

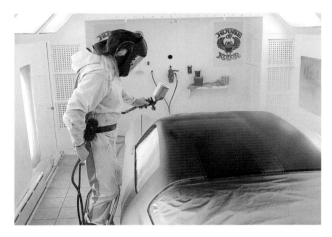

…y espaciado igual con respecto al pase previo, con una superposición del 75 % en las primeras 3 manos.

El soporte del techo se hace con una serie de pases rápidos.

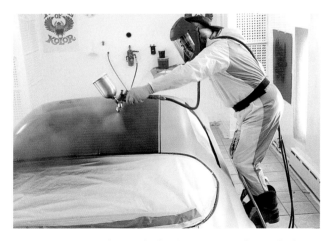

Luego me voy al otro lado de techo, utilizando las mismas técnicas.

Luego vuelvo inmediatamente a la parte superior del cuarto de panel.

siempre paso una franja por la parte superior de la zona de quiebre de color, pero luego utilizo ténicas de línea recta, lo que quiere decir que a veces no hago el largo completo del automóvil porque el panel se voltea hacia abajo. Luego de aplicar la mano de base aplico una capa de SG 100 para proteger la pintura. De hecho, coloco una mano de SG 100 sobre cada mano de base.

SAQUE CINTA Y PAPEL

Cuando se sacan las cintas es importante jalar adelante de y en direccion contraria al automóvil para crear esa acción de tijera. Luego de quitar la cinta yo paso una hoja de cuchillo desafilada a lo largo del borde donde la pintura se eleva para encontrarse con la cinta, la hoja del cuchillo rebaja el borde de modo tal que usted casi ni lo siente luego. Luego de pasar por todos los bordes enmascarados con una hoja de cuchillo desafilada, lavo a todo el automóvil con una almohadilla gris Scotch Brite y agua. Esto elimina los grumos que se forman alrededor de las escamas que permanecen, si las hubiera, y me va a ahorrar tiempo y problemas más adelante.

Ahora me gusta limpiar el automóvil soplándolo, para deshacerme de cualquier escama metálica o polvo que pueda haberse volado hacia el mismo mientras estábamos pintando. De hecho, voy a volver a colocar papel en las ventanas para atrapar cualquier material suelto que pueda estár pegandose al cartón o a la cinta. Luego necesitamos limpiar la superficie, pero no puedo usar un disolvente sobre una mano de base. Coloco un poco del KC 20 en un trapo, y le paso el trapo a todo el automóvil. Me gusta este líquido de lavado de limpieza final de House of Kolor porque no daña la mano de base.

PINTURA KANDY

El color kandy que estamos usando aquí es una mezcla de kandy "brandywine" –rojo bordó- y kandy "apple red" –rojo manzana-, UK 01 y UK 11. La mezcla es una parte de brandywine con dos partes de apple red. Brandywine es uno de los colores kandy más bonitos para trabajar. Estamos usando catalizador KU 100 y reducidor 310. Quizás use un poco de 311 si comienza a secarse demasiado rápido para mí.

El rociado de prueba o chequeo de diseño es muy importante cuando se trata de disparar kandis. Mi regla general es un abanico de seis pulgadas a seis pulgadas del automóvil. Estoy utilizando una boquilla de 1.3 mm en la pistola Plus.

Mi primer paso es una mezcla de los dos kandis de 3:1, mezclo dos baldes de esto así no tengo que

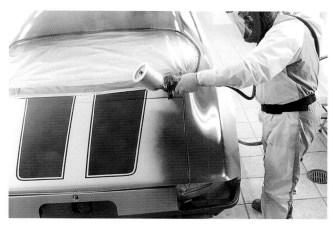

Desde la parte superior del cuarto, simplemente continúo con el lado derecho de la tapa del baúl, luego con los paneles que quedan bien atrás en la carrocería.

Note que no hay manchas ni rayaduras, ni siquiera en la primera mano de kandy. Esto sucede porque se usan técnicas de pistola apropiadas y una superposición del 75%.

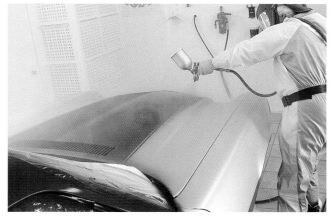

La pistola es una DeVilbiss Plus HVLP con una boquilla de 1.2. Las grandes roscas de acople y los 40 pies de manguera de 3/8 proveen aire suficiente para el logro de una atomización excelente.

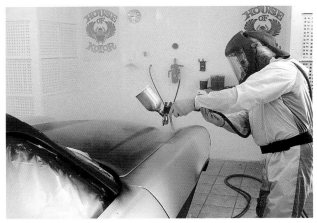

El capó requiere de una serie de pases antes que me pueda ir al otro lado.

Las áreas como la parte inferior del cuarto de panel requieren una serie de pases por separado.

Desde el lado izquierdo del capó, simplemente hago la transición al lado izquierdo del Camaro.

Mientras que las áreas más grandes a lo largo del costado exigen que usted camine el automóvil.

La idea es continuar moviéndose, para ser lo más eficiente posible. Para lograr que ésto sea beneficioso debe usted moverse rápidamente y lograr terminar el trabajo.

Luego de una mano completa el automóvil se ve muy bien, pero vamos a poner otras 5 manos más, las que le darán un tono más vivo y oscuro.

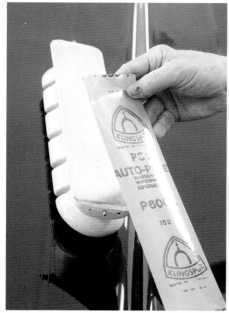

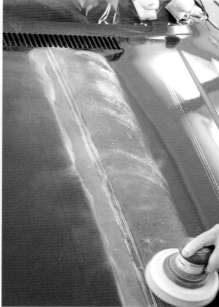

No todos los papeles de lija son iguales. Este papel de grado "Cami" o papel P ha sido fabricado en Europa y utiliza tamaños de grano más consistentes que la ma yoría de los papeles americanos.

Hay dos manos de claro sobre la pintura kandy, y vamos a lijar sóla-mente esta superficie, nunca el color.

Yo lijo hasta que se ha ido la mayor parte de la cáscara de naranja, luego acabo a mano.

mezclar nada en el medio del trabajo de pintura. Estoy usando una razón de 2:1:1 con dos onzas del reducidor extra por cada cuarto de galón rociable en la primera mano para tener extra fluidez. En medio del trabajo, he cambiado la boquilla y colocado una de 1.2 mm porque estaba viendo ondulaciones en el diseño.

Pusimos seis manos de kandy en total, luego pusimos inmedi-atamente dos manos de claro UC 35. Yo no reduzco excesivamente a este claro, simplemente lo mez-clo como se sugiere en las direc-ciones.

Lijado del Color/ Demostración del Capó

Comienzo lijando el capó a maquina (el Bulldog) con una almohadilla seca de grano 600. Esto realmente acelera el proceso.

Estamos usando un papel de grano 600 en esta Bulldog de lijado plano. Cada almohadilla alcanza para aproximadamente medio capó, antes de perder su garra.

Cuando el papel de lija recolecta una semilla, va a dejar una marca visible que se asemeja a una espiral.

Esta es una breve demostración de cuan efectivo puede ser el lijado mojado. Note la pequeña imperfección dejada por el lijado seco.

Limpiando a la almohadilla sobre un trozo de material Scotch Brite, puedo eliminar a la semilla y continuar usando la almohadilla de lijado.

Yo uso una almohadilla de lijado flexible y un trozo de papel de grano 500.

Antes de comenzar con el lijado mojado, me gusta sacar todo el polvo que quedó de los pasos anteriores.

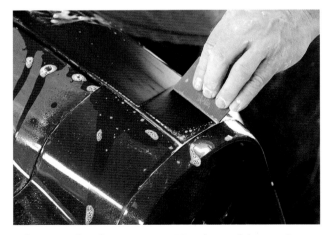

El escurridor de goma que Usted use debe ser de goma roja, no negra; los negros pueden dejar rayas a su paso.

Luego me cambio a una almohadilla mojada de grano 500, que uso a mano, me gusta poner un poco de líquido Ivory en el agua, siempre hay un poco de adherencia entre la pintura fresca y el papel de lija, el Ivory actúa como lubricante y así el papel realmente se desliza sobre la superficie. Es importante utilizar un escurridor de goma rojo, porque los negros muchas veces dejan rayaduras en la pintura.

Usted sólo quiere lijar la mano de claro. Cada vez que vea agua coloreada, significa que ha atravesado la pintura y ha llegado el momento de ir más despacio. Yo paso la lija mojada en el área, le paso el escurridor de goma, miro para ver que se haya ido todo el brillo, y luego me voy al área siguiente. Si la pintura todavía está brillosa quiere decir que usted aún no ha terminado su trabajo.

Note la fotografía de las espirales en la pintura que se semejan a un resorte (página 64). Las espirales significan que tenemos una semilla en el disco y está dejando la marca. Yo uso una almohadilla de raspado número 7445 de 3M para frotar la cara de las almohadillas de lijado. Esto elimina las semillas o rebabas del disco.

Paro cuando se ha ido toda la cáscara de naranja, es mejor hacer el resto a mano. Cada almohadilla funciona bien para aproximadamente medio capó, luego pierde su poder de cortar.

Usted puede ver la fotografía de los dos mordisquitos que están justo detrás del faro. El lijado seco elimina una parte de los mismos, pero no quita la imperfección en la pintura.

Luego de pasar un trapo húmedo por el área para sacar residuos comienza el lijado mojado. Note como los dos mordisquitos pequeños han sido completamente eliminados por el lijado mojado con un bloque de lijado pequeño y papel de grano 500.

La Pasada Final del Trapo

Cuando se ha terminado con todo el lijado es el momento de dar la pasada final del trapo y para ésto me gusta utilizar agua limpia. Comienzo con dos trapos, uno mojado con agua pero no goteando, y el otro seco. Repaso primero todos los bordes debajo del capó y las aberturas de puertas, de modo que no quede polvo suelto que pueda volar mientras pintamos. Luego repaso el automóvil entero, primero pasando el trapo por un área, luego secándola. Usted tiene que estar seguro que no haya áreas donde el agua no se adhiere, porque si el agua no se queda allí, tampoco lo hará la pintura. Y por supuesto usted no puede tocar la superficie con sus manos o brazos desnudos.

Luego de secar, usted puede ver que la imperfección ha sido eliminada completamente.

Eventualmente yo hago todo el automóvil, primero con un grano 600 seco, y luego con un grano 500 mojado.

Ahora hago la última frotada con agua limpia. Si el agua no se adhiere a un área, la pintura no lo hará tampoco. Cuando encuentro un área donde el agua no se adhiere, simplemente la vuelvo a lijar ligeramente y luego le paso el trapo.

Justo antes de aplicar la última mano de claro me gusta soplar el automóvil, luego repasarlo con un trapo de polvo.

La superposición de la composición para el claro es del 50%. Esta es la misma pistola DeVilbiss HVLP que usé anteriormente, en este caso estoy usando la boquilla de 1.4mm.

La capa de claro que estamos usando es UFC 35. Note como el banquillo que estoy usando me da la altura que necesito y también mantiene a mi traje de pintura lejos del automóvil.

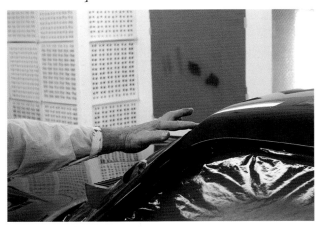

Cuando la pintura esté lo suficientemente seca como para no quedar fibrosa sobre mi dedo, puedo aplicar la mano siguiente.

Estoy siguiendo el mismo diseño que establecí cuando disparé el imprimador, siempre usando técnicas de línea recta.

Coloco 3 manos de claro, una mano de bond y dos capas super mojadas.

Mano final de Claro

Para la capa final de claro utilizamos UFC 35, claro fluído. Este producto tarda un poco más en curar pero tiene mayor brillo y es más facil de bruñir. Yo lo mezclo 2:1:1-1/2, con abundancia de reducidor. Pongo tres manos en total. Una mano de bond y dos manos super mojadas, todas se mezclan utilizando 311 como reducidor (la temperatura en el taller es de 88 grados hoy).

Corte y Saque Brillo

Han pasado un par de días antes de llegar a esta etapa, lo que es bueno porque cualquier encogimiento que podría tener lugar ya ha ocurrido.

Existe una nueva tecnología disponible que acorta el tiempo que lleva pulir a un automóvil. La misma involucra a la nueva lijadora que ya hemos visto y a un compuesto para pulir muy bueno.

El corazón de este nuevo sistema es la lijadora de acción dual de lijado plano. Estas lijadoras de órbita única y acción dual no se mecen, lijan en forma perfectamente plana.

Yo comienzo con una almohadilla seca de grano 1000 en la lijadora y uso una presión muy leve para eliminar cualquier montículo de polvo. Una vez que he pasado por el capó con el grano 1000, cuidando de evitar los bordes, me cambio a un grano 1200 y repaso de nuevo todo el capó. Esta es la única vez en la que puede usar su mano sobre el automóvil. Necesito pasar el trapo para sacar la basura entre paso y paso.

Secuencia de Lijado

El paso siguiente es usar grano 2000 con la lijadora Dynabrade. Lo bueno de esta lijadora es que podemos usar agua para enjuagar la basura y mantener a la almohadilla fresca para que tenga más larga vida. usted necesita sacar el agua con un escurridor de goma, luego a mí me gusta frotarlo con un trapo porque hay irregularidades que no se pueden secar con el escurridor.

El pulido, hecho de esta manera, casi no lleva tiempo porque usted ya ha hecho casi la mayor parte del trabajo. Luego termine lijando mojado con grano 3000 a 4000 y el acabado comienza a brillar – y ni siquiera ha pulido usted aún.

Pulido

Para sacar brillo me gusta una pulidora de pocas revoluciones, de 1500 a 1750 rpm. Funciona mejor si usted disminuye la velocidad de la pulidora y deja que el compuesto haga su trabajo. 3M dice hasta 1750 RPM, pero no más.

Aquí estoy trabajando con el mismo Dynabrade que usé antes, equipado con papel de grano 1000. Acelera el aplanado del borde del trabajo de arte.

Luego de pasarle el trapo al automóvil, volveré a pasar una vez más con grano 1200 en la misma lijadora.

La Dynabrade está equipada con dos "líneas," una de ellas está conectada al suministro de aire, la otra está conectada a un balde con agua.

Repaso el automóvil entero con la lijadora mojada. Al combinar un tipo de lijadora de acción dual de lijado plano con agua, este paso se hace muy rápidamente.

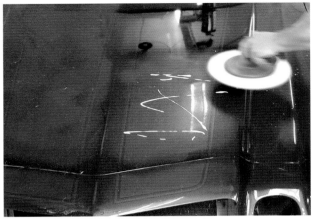

Me gusta trabajar en un área pequeña para generar una cierta cantidad de calor.

El escurridor de goma es lo mejor para sacar a todo el agua del automóvil.

La almohadilla que estoy usando es de pelo de lana cortado. Al igual que el lijado, el pulido se hace en etapas, usando diferentes instrumentos y materiales.

La máquina de sacar brillo que estoy usando gira a un RPM relativamente lento, el compuesto forma parte del sistema Perfect-It III de 3M.

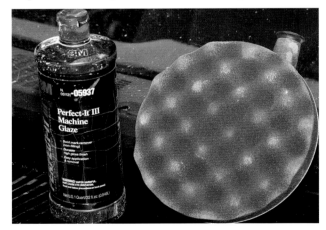

El paso final en la secuencia de pulido es la aplicación del vidriado usando la misma pulidora pero con una almohadilla enrevesada.

Usted no quiere cubrir un área grande, es mejor trabajar un área pequeña ya que aquello genera una cierta cantidad de calor. La idea es recalentar y hacer fluir a la pintura. El secreto de los compuestos de frotado es evitar usar demasiado de ellos. Necesita desparramarlos a bajos RPM, luego aplanar la pulidora y aplicar presión y trabajar el área de ida y de vuelta.

Para la almohadilla de sacar brillo, use pelo de lana cortado, no use pelo que no está cortado porque puede quemar la pintura y no saca brillo tan rápidamente como lo hace el cortado.

Es mejor aplicar un par de veces el compuesto que colocar demasiado de una sola vez, si se pone demasiado tiende a taponar la almohadilla y simplemente ya no se quiere ir.

Necesitamos colocar a la almohadilla enrevesada, o a una almohadilla de espuma en la pulidora para el vidriado, pero primero tengo que pasar un trapo por todo. Siempre es buena idea sacar cualquier residuo que quede del último paso antes de pasar al paso siguiente. Para pasar el trapo entre las sesiones de vidriado o pulido, me gusta la tela de pulir de micrón fino. No raya para nada y no existen muchos objetos acerca de las cuales usted pueda decir eso. Las fotografías probablemente explican todo el proceso mejor que lo que yo puedo.

En lo que hace a productos para pulir, me gusta el sistema Perfect-It III de 3M para pulir, aunque tambien existen otros sistemas buenos. System One es uno de estos. Es un producto nuevo construido en base a un compuesto único que usa almohadillas distintas para las etapas de pulido y de vidriado.

Con las nuevas tecnologías y materiales disponibles usted puede pulir todo un automóvil en aproximadamente 6 horas. Normalmente, ésto lleva 12 horas.

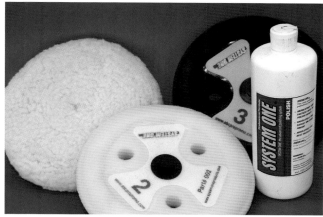

Existen muchos buenos productos para pulir en el mercado, incluyendo este equipo completo de System One, creado y desarrollado por un antiguo carrocero.

Cuando he terminado, el automóvil tiene una superficie muy viva, muy plana. En realidad los colores no se van a ver bien hasta que el automóvil esté afuera.

Un trabajo de pintura muy bueno y que tiene mucho brillo hace resaltar el trabajo de carrocería. Por eso es que la preparación de la pintura es tan importante como la aplicación de la pintura misma.

Capítulo Cinco

Sporty de Colores Super Vivos

Un Diseño de Niveles Múltiples

Las piezas que se ven aquí pertenecen todas a una Evo Sportster propiedad de Patty Mesenbrink de Brooklyn Park, Minnesota. Hemos pintado a esta bicicleta una vez antes, la idea esta vez es actualizar su máquina con un diseño fresco. La pintura del cuadro y del motor da tanto trabajo que a Patty le gustaría evitar ese paso. My objetivo entonces es elegir colores que coordinen con el cuadro azul existente y el motor en rosa fuerte. Aún cuando estamos pintando a la bicicleta entera, las fotografías se concentran en el tanque de gasolina.

REMUEVA LA PINTURA, LUEGO RELLENE

Antes de comenzar con las partes, envíamos todo al taller de Kirby's Custom Paint and Precision Paint

Esta fotografía "antes" muestra a la Sporty con el trabajo de pintura anterior. Para el nuevo trabajo de pintura quisimos usar colores que coordinaran con los colores del cuadro de la bicicleta y del motor.

Removers. Kirby es un maestro con la maquina de aire comprimido que dispara materiales – la media blaster-. Pudo sacar toda la pintura de los guardabarros de fibra de vidrio sin remover el imprimador original! Kirby tiene un control increíble.

El tanque es un tanque de mercado secundario Sportster que tiene una sección elevada a lo largo del medio originariamente hecho en el taller de Donnie Smith. Nuestra primera tarea es conseguir que todas las partes, incluyendo las tapas laterales, estén listas para recibir la primera mano de imprimador. El tanque debe ser moldeado todo a lo largo del área donde la sección elevada se junta con la parte superior del tanque y en algunas áreas bajas. No me gusta arrojar simplemente cantidades de rellenador plástico sobre un pedazo de hoja de metal. A esto yo lo llamo la manera del hombre pensante de usar rellenador. Le digo a la gente, 'rellenen las áreas bajas, luego lijen esas áreas, luego vuelvan a rellenar y lijen de nuevo.'

Cuando agregamos endurecedor al rellenador es importante que la bandeja plástica sobre la que estamos trabajando esté totalmente limpia y libre de viejo rellenador. A mí me gusta mezclar bien a fondo al endurecedor con el rellenador. Una vez que el rellenador está mezclado, uso un aplicador pequeño y flexible, y coloco el rellenador en todas las áreas alrededor del centro del tanque, y en las partes delanteras y traseras del tanque.

No esperamos a que el rellenador se seque, sino que comenzamos a trabajar ni bien está medio endurecido, aproximadamente. El instrumento que me gusta para un trabajo como éste es el rallador de queso semiredondo. Usted puede ver en las

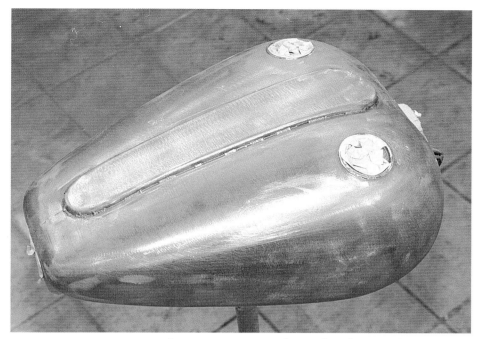

Es bueno comenzar trabajando sobre metal desnudo cuando es posible. En este caso las partes fueron limpiadas por encargo con aire comprimido y materiales para remover toda la pintura. Contrariamente a cuando se dispara con arena, puede dispararse con aire comprimido sin torcer el metal ni dañar la superficie.

Siempre tengo cuidado cuando mezclo el barro: La bandeja plástica debe estar limpia y los dos materiales deben estar bien mezclados antes de la aplicación.

Para asegurarme que el rellenador y el endurecedor estén bien mezclados uso pinceladas livianas y pesadas hasta que el color sea uniforme.

La primera aplicación se coloca en donde la sección elevada se junta con el tanque.

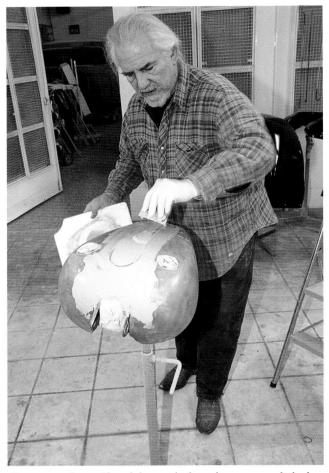

La parte de arriba del panel elevado es en realidad un poco cóncava, así que trato de rellenarla al igual que a todas las otras zonas bajas que son obvias.

Usted ahorra mucho tiempo si trabaja al rellenador antes de que se haya endurecido del todo. A mí me gusta colocar sólo tanto rellenador como necesito y no más.

fotos qué bien que sirve para trabajar al rellenador antes que se haya fijado completamente. Luego de pasar por encima de la mayor parte del tanque con el rallador de queso, espero un poquito a que el rellenador se fije más aún, luego comienzo a trabajar con el bloque pequeño y semi-redondo de lijado. El bloque de lijado está equipado con una hoja de papel de grano 40 pero a esta altura podríamos estar trabajando con grano 36 todavía. Cuando usted trabaja con cualquier bloque de lijado es importante que bloquée en forma de cruz. Al lijar primero en una dirección y luego lijar a 90 grados de esa dirección, evita usted dejar un dibujo del lijado en el rellenador, y también puede darse usted cuenta mejor en qué condición está el rellenador. A continuación, utilizo un pequeño bloque de lijado convencional sobre las áreas planas.

Durante los seminarios le digo a los pintores 'si ustedes escuchan, el rellenador les habla. Les voy a decir adonde debe ir la próxima aplicación.' A esta altura puedo ver claramente donde están los sitios bajos por la diferencia que hay en el color del rellenador. Antes de colocar la mano siguiente de rellenador, sin embargo, siempre tomo algo de papel de lija y raspo el rellenador en las áreas bajas. Tiene que haber rayas aún en las áreas bajas, porque sino la próxima aplicación de rellenador no va a adherirse. Cuando lijo estas áreas bajas muevo el papel de lija en una dirección distinta a la que lijé en el área alrededor del lugar bajo de modo que se vea diferente y me ayude a identificar esas áreas bajas. Antes de aplicar más rellenador es importante soplar y sacar todo el polvo, porque sino va a interferir con la adhesión de la próxima capa de rellenador.

SEGUNDA APLICACIÓN DE RELLENADOR

Ahora mezclo otro poco de rellenador y lo aplico cuidadosamente en las áreas bajas. Una vez que el rellenador se ha fijado, uso la lijadora de acción dual a la que se le adosa una almohadilla de grano 40. Tal como dijera anteriormente, no me opongo al uso de máquinas. No alcanza con que uno sea un buen carrocero, también hay que ser un carrocero veloz. La velocidad es importante, el tiempo es dinero.

Lo que estamos tratando de hacer a esta altura es rebajar los sitios elevados y elevar los bajos para que queden a nivel. Cuando termine de usar la lijadora de acción dual, saco de nuevo los bloques de lijado aún equipados con papel de grano 40. Y si descubro un sitio elevado que es grande, simplemente vuelvo a sacar la máquina. Creo que uno de los errores que los

Con el rallador de queso semicircular usted puede rebanar afeitando cuidadosamente los sitios elevados...

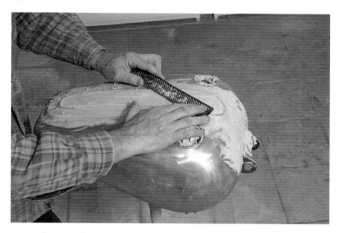

...trabajando primero a lo largo de los bordes del área elevada y luego subiendo a la parte de arriba.

Este bloque de lijado redondeado con grano 40 trabaja bien para crear un radio entre el tanque y la sección elevada.

Es importante que vaya chequeando su trabajo a medida que avanza. Esto en realidad es mejor que se haga con un guante o un trapo que incrementa la sensibilidad y protege contra la transferencia de aceites.

Un bloque de lijado y más grano 40 es el próximo paso en el proceso.

Ahora estoy rebajando los sitios elevados en las partes más planas del tanque.

pintores hacen es que tratan de hacer con su lijado un trabajo demasiado fino en forma demasiado rápida. Nuestro imprimador va a rellenar los rayones de grano 24 con dos manos; realmente usted no necesita usar papel fino antes del imprimador.

Todavía queda un pequeño punto bajo del lado derecho del tanque y otro bien adelante, de modo que antes de aplicar el imprimador simplemente pongo un poquito más de rellenador en esas dos áreas. El acabado de estas áreas se hace de un modo conocido: primero se trabaja un poco con el rallador de queso, luego se pasa la lijadora de acción doble, y finalmente se pasa un bloque de lijado plano.

IMPRIMADOR

El imprimador que yo quiero usar aquí es el KP 2 CF. Este es un imprimador libre de cromato, de acumulación rápida. En el pasado, nuestras pinturas usaban cromato de zinc para promover la adhesión y ayudar a que el producto tolerara horas y horas de abuso en la cabina de pruebas de rociado de sal. Debido a la preocupación por el medio ambiente existente, el nuevo imprimador usa en su lugar fosfato de zinc, y los trozos de prueba todavía toleran más de 1000 horas en la cabina de rociado de sal sin descomposición ni evidencia de corrosion. La nueva fórmula también trabaja tan bien sobre aluminio y metal galvanizado como la fórmula vieja.

Antes de aplicar la primera mano de imprimador soplamos bien las partes y luego les pasamos bien el trapo con acetona, GON o KC 20. La acetona funciona bien sobre las partes que son de acero desnudo.

Es importante poner cinta de enmascarar sobre la abertura del tanque de gas, incluyendo el borde mismo de la abertura donde sella la tapa. En otras palabras, usted quiere que el sello de la tapa se asiente sobre el metal puro. Si el sello se asienta sobre una capa de pintura los vapores del gas eventualmente se van a meter debajo de la pintura y causar ampollado en la abertura.

APLIQUE EL IMPRIMADOR DE SUPERFICIE

El imprimador se coloca con una pistola SATA HVLP funcionando a 37 psi a la altura de la pistola. Comenzamos con las áreas que están cubiertas de rellenador, luego seguimos con el resto de las partes. Una vez que esa primera mano de imprimador en las areas rellenadas se ha evaporado o hecho flash, regresamos y aplicamos una segunda mano de imprimador. Vamos a continuar aplicando más imprimador una vez que la capa previa se haya evaporado o

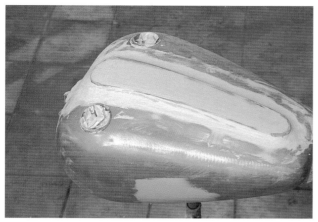

A esta altura necesitamos por lo menos una mano más del rellenador, y no es muy difícil ver donde.

Para acelerar las cosas comienzo con la lijadora de acción doble y una almohadilla de grano 40.

Comienzo la segunda aplicación de rellenador en la zona curva al borde del área elevada...

Nuevamente, comenzamos a trabajar con el barro antes que se endurezca del todo.

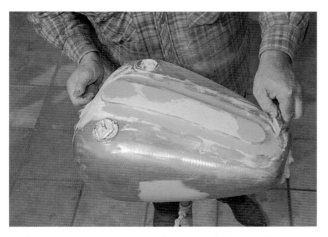

...luego agrego un poco a las áreas bajas en las secciones planas.

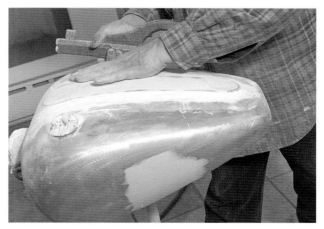

Para terminar de formar el radio uso un bloque de lijado redondeado, todavía envuelto en grano 40.

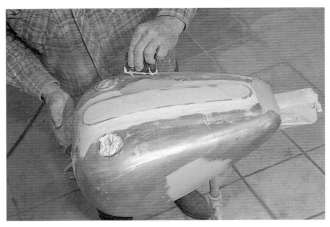

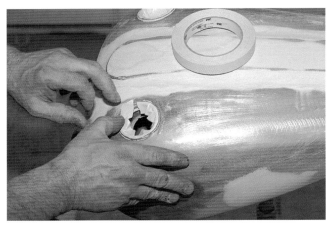

Esta tercera aplicación de rellenador se usa para rellenar un área baja del lado derecho.

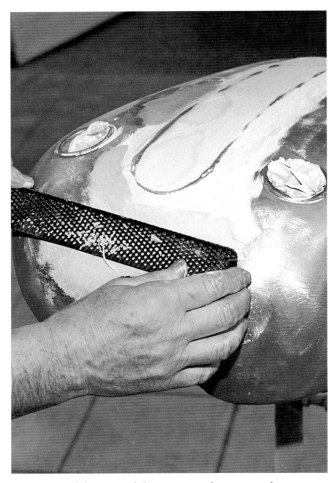

Antes de aplicar el imprimador, voy a volver a enmascarar la abertura del tanque de gasolina.

La parte delantera del tanque es bastante plana – un buen lugar para usar el rallador de queso antes que el barro se haya endurecido del todo.

El tanque necesita estar limpio para que haya seguridad de que el imprimador se adhiera al metal.

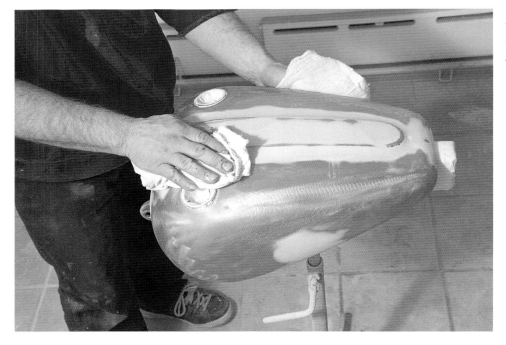

hecho flash, hasta que tengamos un total de cinco capas sobre las áreas con rellenador y tres sobre las áreas que eran de metal puro.

Una vez que todas estas capas han sido colocadas, necesitamos que las partes descansen catorce horas antes de que podamos comenzar a lijar con bloques. El tiempo total, por supuesto, va a depender de la temperatura en la cabina, nos gusta trabajar en una temperatura mínima de 70 grados.

MANO GUÍA NÚMERO UNO

A esta altura el tanque tiene un total de 5 manos de imprimador en las áreas con rellenador y 3 en lo que eran las áreas de metal puro. Ahora vamos a colocar una capa de rocío liviana del imprimador de laca gris oscuro (página 78). Esta capa liviana es nuestra mano guía. Es una guía de cuan lisa está la pintura y de dónde quizás tengamos un sitio bajo que necesita un poco de masilla para sitios específicos, por ejemplo.

A continuación, entramos con una lijadora de acción dual equipada con papel de 240. Usted también podría hacer esto con una almohadilla flexible, ya sea con 240 seca o con 400 mojada. El papel de 240 sobre la lijadora de acción dual va a aplanar al imprimador y señalar los puntos bajos.

Los primeros pases con la lijadora de acción dual indican algunos puntos bajos en la parte superior del tanque. Ahora vamos a lijar de nuevo con la lijadora de acción dual para ver si podemos eliminar los puntos bajos antes que atravesemos el metal que está debajo.

MASILLADO PARA SITIOS ESPECÍFICOS

Para rellenar esas áreas bajas pequeñas usamos una masilla para lugares específicos catalizada, ésta es una masilla para vidriar de poliéster de dos partes de Evercoat (página 78). Es importante amasar al endurecedor primero, antes de colocarlo sobre la superficie de plástico para mezclar. El material extra puede cortarse y sacarse con una lima semi-redonda.

Ahora vamos a finalizar las áreas donde habíamos aplicado la masilla para sitios específicos con un disco Hookit de grano 80 de 3M. En el tanque comenzamos suavizando los bordes para que se amalgamen con la mini lijadora de acción dual, luego continuamos trabajando hasta llegar al centro de la sección elevada. Ahora ya debiéramos estar bastante cerca, pero si notamos algún sitio pequeño, elevado o bajo, probablemente esté bien, porque vamos a aplicar otras 3 manos de imprimador. Esta es la razón por la qué no rellenamos en cada lado las pequeñas áreas

Lo último de todo que hago antes de aplicar el imprimador es soplar y trapear.

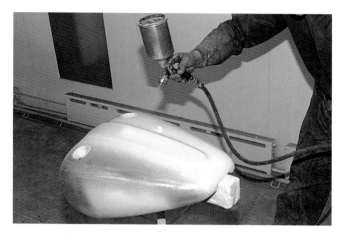

La pistola es una pistola dedicada para imprimador SATA HVLP. La idea es colocar más imprimador en las áreas con rellenador que en las áreas que son de acero desnudo.

Hemos colocado 5 manos en las áreas con rellenador, el imprimador necesita curarse de 12 a 14 horas antes que podamos comenzar a lijar. Para curarse correctamente, la cabina debe estar a por lo menos 70 grados.

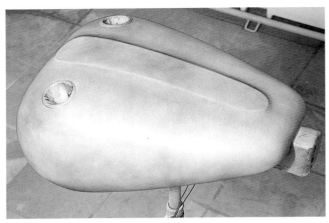

A esta altura hemos aplicado la capa guía y el lijado puede comenzar.

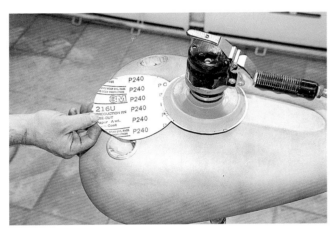

Vamos a comenzar en el tanque con la lijadora de acción dual y con un papel relativamente fino de grano 320.

Tanto si usted mezcla rellenador y masilla para sitios específicos, la paleta plástica debe estar limpia y libre de todo el rellenador viejo.

Es importante amasar al endurecedor antes de mezclar la masilla para sitios específicos de dos partes.

bajas que están a lo largo de la parte de arriba del tanque, porque estoy seguro que éstas se van a nivelar al ser lijadas.

A esta altura nivelamos el radio que va hasta el área elevada con grano 80, trabajando a mano. Vamos a dejar que el área tenga todavía rayones de grano 80, ya que nuestro imprimador llenará fácilmente esos rayones (no se muestran). Primero, vamos a suavizar el borde donde el rellenador se encuentra con la pintura. Luego, aplanamos toda el área donde aplicáramos el rellenador.

Usted debe tener mucho cuidado cada vez que hay un borde como en la tapa lateral. Lijamos "por arriba del borde" en ángulo, antes que a lo largo del borde tomando el camino largo. Terminamos bloqueando el tanque, con grano 80 en la pequeña almohadilla manual. Ahora podemos imprimar la parte inferior del tanque y luego colocar imprimador adicional en la parte de arriba adonde estuvimos lijando con bloque ayer, usando el mismo imprimador que la última vez.

Para llegar a los recesos de la parte interior del tanque, yo obstruyo el paso de aire en la pistola (con el boton de control del abanico), lo que hace que el

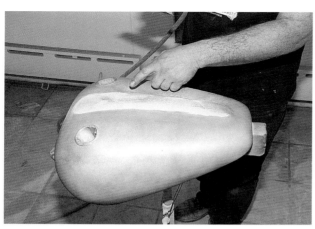

Aquí puede usted ver las zonas bajas en la parte de arriba del tanque.

Para estar absolutamente seguros que el área elevada ha quedado plana, le pasamos un bloque de lijado con papel de grano 400.

Colocamos la masilla para sitios específicos en forma rápida y con cuidado en las áreas bajas de la parte superior del tanque...

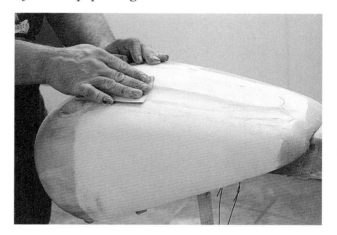

Hacemos el acabado final del radio a mano.

...luego lijamos inmediatamente con grano 80 en la minilijadora de acción dual.

Las partes que tienen bordes, como esta tapa lateral, deben ser lijadas y acabadas con cuidado. Siempre hacemos los bordes a mano.

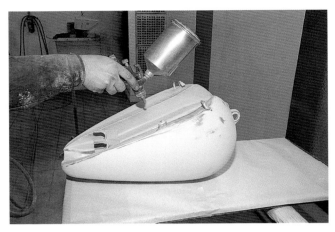

A esta altura imprimamos la parte inferior del tanque, con la pistola ajustada a un dibujo de puntos...

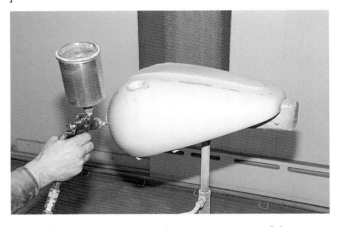

...y volvemos a imprimar la parte superior del tanque nuevamente.

Luego de permitir que el imprimador se cure, colocamos una capa guía y luego comenzamos con el lijado de bloque. A mi me gusta embeber el papel durante 20 minutos antes de comenzar con el lijado.

dibujo salga como un punto en vez de cómo un abanico. De este modo, cubre mejor esas áreas. Sin embargo, usted debe ser cuidadoso porque está aplicando mayor cantidad de pintura y es más probable que ésta se corra con la pistola preparada de esta manera.

Ahora damos vuelta y comenzamos con la colocación de imprimador en la sección central, donde hemos puesto el rellenador fresco. Luego que aquel se ha evaporado o hecho flash, ponemos imprimador sobre el resto del tanque. Vamos a colocar otras tres manos, con dos manos extras sobre las áreas que han tenido trabajo de carrocería, de modo que haya un total de cinco manos en áreas tales como la parte superior. Luego de la aplicación de todo este material, el imprimador necesita curarse por la noche.

MANO GUÍA NÚMERO DOS

Colocamos una mano guía de laca, una simple capa fina de vapor como antes. La rociamos y luego la dejamos secar, lo que sucede muy rápidamente, luego podemos empezar nuevamente a lijar con grano 400 mojado, sin jabón. La idea a esta altura es de sacar los rayones. Comenzamos en la parte superior del tanque con un block de lijado flexible envuelto en papel de grano 400. Luego hago el resto del tanque con 400 en la palma de mi mano. Hay tanta curvatura en el tanque que es difícil hacerlo con un bloque.

En esta etapa es importante evitar atravesar el imprimador para no tener que imprimar nuevamente el tanque. Si llegáramos a atravesar una o dos áreas pequeñas cuando lijamos, el sellador/imprimador que vamos a usar va a actuar de hecho como imprimador en esas áreas pequeñas. Lo que estamos haciendo es aplanar el imprimador. Continuamos lijando en forma de X, primero hacia un lado y luego hacia el otro. A esta altura, el tanque está básicamente terminado. Para todas las partes, tengo invertido en trabajo de carrocería e imprimador aproximadamente 14 horas.

MANO DE SELLADOR

El sellador blanco, KS 10, está mezclado 4:1:1 con KU 150 (también podría usarse KU 100) y con reductor rápido RU 310. Decido disparar con una pistola Geo HVLP. Es bueno tener al medidor y al regulador adicional en la pistola. Debido a la caída de presión en la manguera, lo que se indica en la pared no es lo que se tiene en la pistola. El sellador blanco, KS 10, es la mano de base para la perla. No tenemos que usar una mano de base separada. De este modo nos ahorramos un paso, aunque debido a que estamos usándolo como mano de base, voy a poner dos capas.

El lijado final del imprimador se hace con papel de grano 400. El lijado inicial indica que hay algunas pocas áreas bajas.

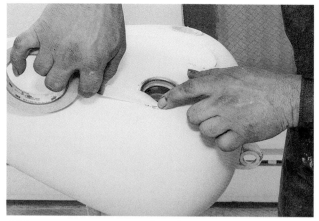

Volvemos a enmascarar las aberturas varias veces para asegurarnos que no quede polvo atrapado en la cinta. Yo también lijo el borde del imprimador para que no se vuelva demasiado espeso.

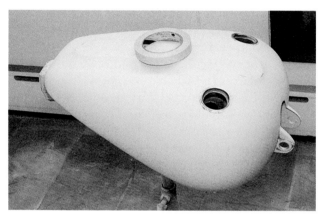

Sin embargo, el imprimador es lo suficientemente grueso como para que la mayoría de las pequeñas áreas bajas puedan ser eliminadas sin perforar al imprimador.

Soplar y trapear es siempre el último paso antes de pintar.

Las aberturas del tanque de gasolina deben mantenerse desprovistas de cobertura en el extremo del borde donde la tapa se sella. Si este borde desnudo se mantiene, la pintura no se va a ampollar a la altura de la tapa.

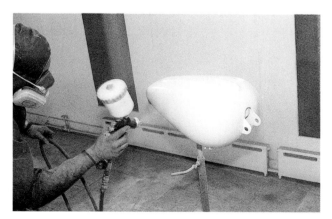

El sellador/mano de base KS 10 se aplica en dos capas, la primera mano debe evaporarse o hacer flash antes de aplicarse la segunda mano.

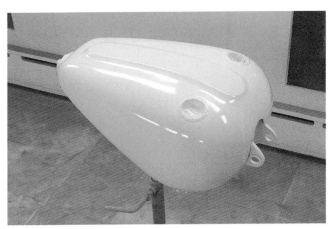

Dos manos nos dan un buen cimiento de mano base para los colores que se ponen después. Si el sellador queda esperando más de 1 hora es una buena idea lijar con grano 500.

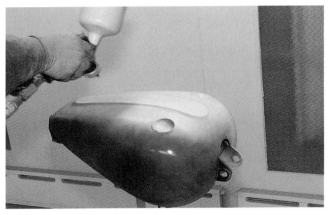

Este Shimrin dispara casi como una laca, se seca rápido y las capas segunda y tercera se colocan rápidamente. La pistola Geo HVLP se ajusta a 28 psi a la altura de la pistola.

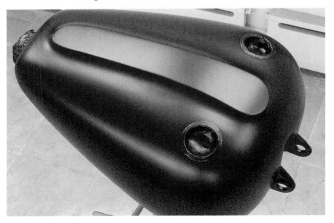

Yo sólo tengo que esperar 5 a 9 minutos entre manos, la pintura no debiera estar pegajosa cuando se aplica la mano siguiente.

Es importante volver a enmascarar las aberturas del tanque de gasolina. Comenzamos pasando un trapo con acetona por el borde de metal puro, luego aplicamos una nueva cinta de enmascarar. Así evitamos que la pintura entre al tanque, y aseguramos que las tapas del tanque de gasolina estén selladas contra el metal desnudo. Es una buena idea también volver a enmascarar los apoyos sobre los que se asientan las partes porque puede haber polvo que se ha asentado allí. Limpio todo con un trapo tibio y húmedo con agua. El último paso es soplar y pasar el trapo de polvo por el tanque antes de comenzar con la pintura. Ajusto el regulador para obtener 28 psi a la altura de la pistola, que es lo que ellos recomiendan. Luego que la primera mano se evapora o hace flash y pierde su brillo, ponemos la segunda mano.

MANO DE BASE PERLA

Usted debe esperar por lo menos una hora despues de aplicar el sellador, antes de aplicar la primera mano de perla. Si espera más de una hora, el sellador debe ser lijado con un grano 500 ó 600 mojado para crear un vínculo mecánico. Antes de rociar con base de color, rebajamos todas los piquitos pequeños que sobresalen con papel de grano 500. Esto eliminará a cualquier piquito que pueda sobresalir por encima del color y verse como una manchita blanca. Luego, una vez más, volvemos a pasar el trapo de polvo por todo.

A continuación, viene la perla pasión PBC 65. El acabado de la pintura continuará estando mate hasta que se ponga la mano de claro. En todas las piezas, especialmente con el guardabarros, cuidamos de conseguir que la pintura suba y penetre por debajo del borde. Conseguimos colocar la pintura por debajo de la parte inferior del tanque, a veces ayuda girar hasta que la boquilla de pintura sea un punto en vez de un abanico, y luego rociar áreas tales como el túnel del tanque de gasolina de esa manera.

Después de aplicar tres manos de PBC 65, aplicamos UC 35 al tanque. Estas tres capas de claro no han sido reducidas excesivamente o aplicadas muy mojadas porque sabemos que vamos a lijar sobre este material. Usted siempre tiene que colocar algún tipo de claro sobre el color antes de volver a enmascarar y hacer el trabajo de arte. También puede usarse una mano de base de claro SG 100, pero éste no es resistente a los disolventes.

LIJADO DEL COLOR

El lijado del color comienza con papel de grano 500 mojado (página 83). A esta altura tocamos las

El claro se coloca en 3 capas. Comenzamos con una mano mediana, luego ponemos 2 manos mojadas pesadas con un tiempo de espera de diez minutos entre mano y mano.

Para reducir el brillo estoy usando un papel de grano 500, aunque usted podría usar 600 ó 800 si quisiera. Un poco de líquido Ivory en el agua es una buena idea.

Luego de 3 manos de claro, las piezas tienen que descansar un mínimo de 12 horas a un mínimo de 70 grados antes que podamos lijar con grano 500.

Estoy usando una almohadilla de lijado pequeña y flexible, aunque a veces sobre un tanque usted tiene que trabajar sin almohadilla.

Como siempre, primero movemos el papel de lija a través del tanque en una dirección, y luego lo movemos a 90 grados de esa dirección.

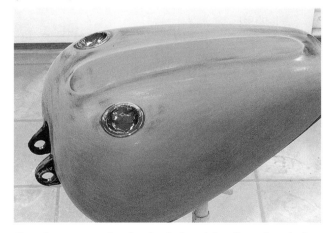

Las áreas como la de alrededor del rellenador de la tapa de gasolina tienen que hacerse a mano cuidadosamente; fuera de ello el tanque está listo para el trabajo artístico.

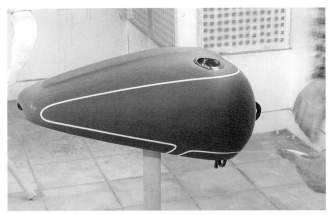

Después de limpiar, comienzo a colocar el dibujo con cinta. Yo prefiero trabajar directamente sobre el tanque.

El diseño evoluciona a medida que voy trabajando. Si hay un área que no me gusta, simplemente arranco esa sección y la hago de nuevo.

Aquí puede ver usted el pequeño trozo de cinta que usé como marcador o guía en el lado izquierdo del tanque.

Usted debe conseguir que las dos mitades del tanque salgan iguales, tanto en la tapa como en los costados. La vieja expresión "usted sólo puede ver un lado por vez" es una excusa débil. Yo chequeo las dimensiones de un costado al otro con una regla o cinta pequeña.

piezas con trapos, para no transferir los aceites de nuestras manos a la pintura. Es buena idea enjuagar y secar el tanque con frecuencia durante el lijado, de modo que usted sólo lije las áreas que todavía están brillosas. Con los guardabarros de fibra de vidrio, la electricidad estática es un problema. Es mejor soplar a las piezas o utilizar un escurridor de goma que pasarles un trapo. El frotado acentúa el problema de la electricidad estática.

JUGANDO CON LA CINTA

Empiezo esta parte del proyecto frotando el tanque con limpiador a base de agua KC 20. El dibujo está basado en una ilustración de una revista. Yo lo dibujo a mano alzada con una cinta de crepé de 1/8 pulgada y uso una regla para asegurarme que los dos lados sean idénticos. Si me equivoco un poco en un lado, puedo hacer las correciones luego. Normalmente coloco un pedazo pequeño de cinta en el tanque como guía, y luego vuelvo a poner la cinta.

Me gusta usar cinta de enmascarar donde sea posible, hay menos probabilidad de transferir adhesivos a la mano de base. Usted necesita usar una cinta de enmascarar de grado uretano, una cinta que no se empape durante el proceso de pintura. La cinta se consigue en cualquier negocio que vende suministros para carrocerías. Hay muchas calidades de papel, pero compre un papel de buena calidad. El papel es una de esas pequeñas cosas que importan mucho. El papel es más barato que la cinta, pero no llegue a la situación donde compra un papel barato.

Cuando termino con el enmascarado, le doy al tanque una pasada rápida de trapo con KC 20, luego una pasada rápida con un trapo de polvo simplemente para eliminar cualquier pelusa que haya quedado de los trapos.

COLORES

Nuestro primer color es el Azul Strato, BC 04. Debiera cubrir con dos manos. Lo estoy disparando a 40 psi en el regulador con el gatillo apretado, pero al final lleva tres manos medianas obtener cobertura (página 86).

A continuación viene el azul oriental, que se rocía sobre el BC 04. Es un color kandy que yo mezclé usando KK 04 (concentrado de kandy) y SG 100. El SG 100 ha sido diluído 100% (lo normal es 50%), la relación entre SG 100 y el KK mezclado se determina a ojo (vean la nota de recuadro más abajo). Yo aplico tres manos medianas sin esperar mucho tiempo entre manos. Espere sólo lo necesario para que cada mano se sienta seca al tacto antes de aplicar la mano siguiente. Luego aplico una mano de puro SG 100 para

Una vez que el diseño está terminado puedo acabar con papel en vez de con cinta.

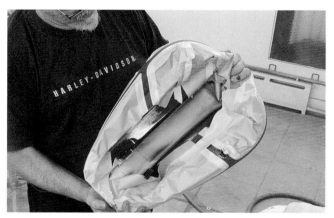

Es importante enmascarar la parte de abajo del tanque, al igual que la parte de arriba.

Paso un trapo con limpiador por el tanque y luego le paso rápidamente, una sola vez, el trapo de polvo.

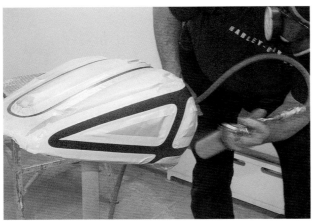

Estoy trabajando con una pistola de retoque, no necesitamos una pistola de tamaño estándar en esta situación.

El kandy azul oriental se coloca en 3 manos rápidas, usando la misma pistola de retoque.

El primer color que aplicamos es azul strato. Sólo debo esperar 5 a 10 minutos entre las 2 manos – como lo determinan la temperatura y la velocidad del reducidor..

El color final es un lindo azul vivo, una combinación de la base azul strato y del kandy azul oriental. Antes de quitar la cinta, puse una capa de SG 100.

Me gusta mezclar colores a ojo y chequear el efecto sobre la espátula para mezclar. Aquí estoy agregando KK 04 al SG 100 reducido para obtener una mano de base kandy con pocos sólidos.

Quiero que haya una separación definida mientras voy quitando la cinta para minimizar la probabilidad de arrancar pintura.

proteger a la pintura, ni bien la última mano ya no se siente pegajosa sobre mi dedo.

A continuación, quitamos la cinta. Siempre quito la cinta de línea fina a lo último. Usted tire de la cinta por delante de y en dirección contraria a la pintura, esto crea una acción de corte de tijera y así hay menos probabilidad que arranque la pintura. Ahora limpiamos cualquier enmascarado erróneo y las áreas que fueron rociadas en exceso. Para esto me gusta utilizar una almohadilla Scotch-brite gris con agua.

Estoy usando una almohadilla de raspado gris pero el papel de grano 500 funciona mejor antes de rayar, y también sirve para eliminar los bordes.

Mezclando Concentrados de Kandy

La relación estándar para mezclar concentrados de kandy es 8:1, ocho partes de SG mezclado y una parte de KK. Si usted quiere lograr un color más fuerte, intente agregar de una a dos onzas de KK por cada cuarto de galón rociable - siempre chequeando en cada etapa del mezclado con una espátula de acero inoxidable debajo de una luz fuerte.

El agua y la almohadilla Scotch-brite gris eliminan cualquier bordecito que exista en el trabajo artístico, o los pequeños puntos elevados. La gente piensa que van a quitar la pintura, pero no es así, usted no se debe preocupar. A algunos pintores les gusta quitar el agua soplando, pero a veces yo simplemente uso un trapo para quitar el agua. Para los casos de rociado excesivo debajo del tanque me gusta utilizar acetona en un trapo, pero esto sólo funciona cuando se usa un claro catalizado, pues sino la acetona va a remover las manos de base!

Más Manos de Claro

A continuación, siguen tres capas de claro UC 35, una mano de bond y dos manos mojadas. Esto va a lograr una superficie lo suficientemente gruesa para que podamos lijar la pintura. Con el taller a 70 grados y un reducidor de secado rápido, yo espero cuatro a cinco minutos entre manos. Su tiempo de espera va a variar con la temperatura que haya en su taller y con la cantidad de movimiento de aire.

Una vez que el UC 35 se ha curado durante al menos 12 horas, puedo lijar el claro con grano 500 mojado, luego colocar las rayas finas sobre el claro (página 88).

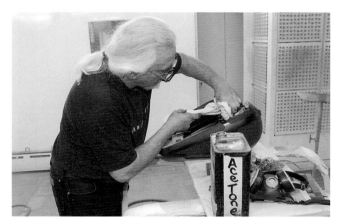

El exceso de rociado debajo del tanque puede limpiarse con acetona, el resto se hace con una almohadilla Scotch-brite, note la advertencia en el texto con respecto al uso de acetona.

Antes de poner las rayas finas sobre el arte que hemos recién dibujado, coloco 3 manos de claro UC 35.

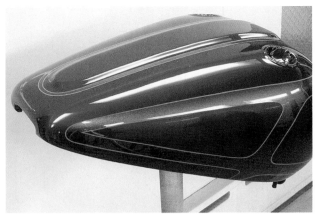

Luego de hacer el rayado fino (no se ilustra aquí), coloco otras 3 capas de claro UC 35.

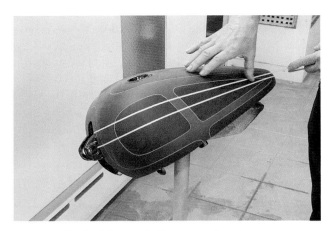

...antes de decidir cual diseño es el mejor.

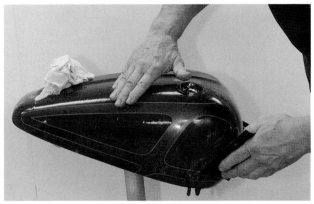

Cuando el claro está seco podemos raspar el tanque con 500 mojado. La idea es eliminar la protube-rancia de la raya y dejar una superficie sobre la cual la próxima mano se pueda adherir.

Un componente de un buen diseño es el hecho de que se va a transferir a otras partes de la bicicleta.

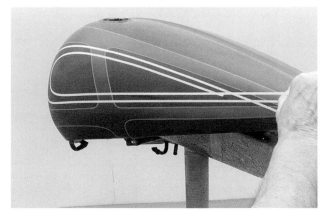

Ahora ha llegado el momento para el diseño número dos. Como siempre, yo siempre pruebo más de una idea...

Tenemos que llevar la cuenta de cuales partes de la pintura existente queremos preservar, cuales partes van "por encima" y cuales van "por debajo".

Para colocar el rayado fino utilicé nuestro uretano azul claro, U 9, pintura para rayar y un pincel 0000. Siempre trato de crear una línea fina, contribuye al detallado.

Luego de colocar las rayas finas es hora de colocar tres manos más de claro UC 35, una mano de bond y luego dos manos mojadas. Con la cabina a 70 grados esperé entre cinco y ocho minutos entre manos. Luego que el claro se ha curado uso un papel de grano 500 para rebajar las protuberancias del rayado, puede usted usar papel más fino pero lleva más tiempo y la primera capa de claro va a rellenar estos rayones de grano 500 sin problema. La idea es lijar hasta que usted no pueda sentir más la raya. No debieran quedar lugares brillosos una vez que usted ha terminado.

DISEÑO NÚMERO DOS

Cuando estoy diseñando, no dibujo las cosas, simplemente comienzo a colocar con cinta. Una vez que tengo una idea aproximada del diseño que quiero sobre el tanque, entonces intento lo mismo en el guardabarros y la tapa lateral, de modo que sé como se va a transferir el diseño a las otras partes. Algunas personas usan lápices de color o un cuaderno para croquis, y esto les funciona bien. A mi me gusta trabajar con cinta directamente sobre el tanque, tengo el diseño y los colores en la cabeza.

Al colocar el dibujo sobre los guardabarros, todo lo que tiene que hacer es mantener el ancho de las líneas parejo, juzgándolo visualmente. Luego de trabajar sobre uno de los guardabarros de esta manera, lo uso como el patrón para el otro. Algunas veces, usted simplemente debe ignorar la forma del guardabarros y hacer lo que se ve bien. En este caso, por ejemplo, los guardabarros no son exactamente iguales de un lado y del otro.

Ahora terminamos de colocar la cinta, note la cinta del panel grande al costado del tanque, es aquí donde el nuevo diseño se va a meter por "debajo" del trabajo artístico existente.

Ahora se aplica la mano de base blanca, BC 26. Ésta va a actuar por debajo del trabajo artístico que sigue para darle más vida. La base se coloca en dos manos livianas. Luego de aplicar la pintura de base necesito esperar 30 minutos antes de poder colocar la cinta. Usted quizás pueda hacerlo un poco más rápido si ha usado reducidor seco rápido y ha prestado atención.

Comienzo la colocación de cinta para el diseño artístico sobre la base blanca con cinta de crepé de

Nuevamente, es más rápido y más barato terminar el enmascarado con papel que con cinta.

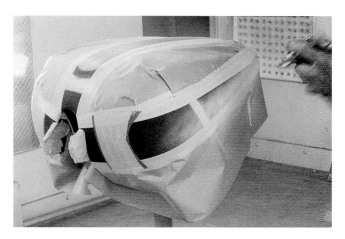

Ahora vienen dos capas de la mano de base, BC 26.

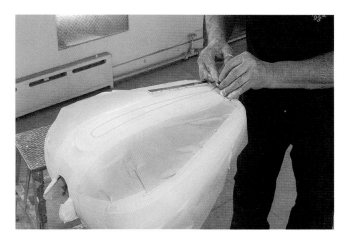

Me gusta limpiar la cinta al final del óvalo con un cuchillo X-acto.

Ahora termino de enmascarar arriba del óvalo...

Uso partes de un viejo escobillón para hacer el enmascarado, una idea que tomé prestada del artista de aerógrafo, Craig Fraser.

...antes de aplicar la primera capa de la mano de base perla con la pistola de retoque.

Luego rocío con un color naranja más oscuro, el ultra naranja, a través de la máscara en la parte de arriba y los costados.

Para obtener una buena cobertura coloco dos manos del naranja de atardecer - sunset orange -.

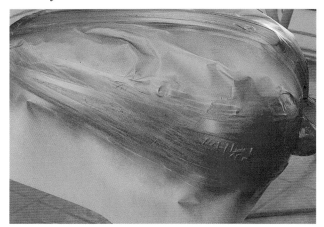

Y así es como se ve luego del rociado. Retrospectivamente, quizás se hubiera visto mejor un color con más contraste.

1/8 de pulgada (página 90). El primer pedazo de cinta se coloca justo para encontrar el centro del panel. Luego coloco la cinta sobre el panel ovalado. Repito el mismo diseño en el panel superior, y también al otro lado del tanque.

Me gusta retocar la punta de la cinta con un cuchillo X-acto, el óvalo estará cubierto de rayas finas pero usted bien puede hacer que la línea sea lo más pura posible. En la parte izquierda del tanque, tomo medidas frecuentemente para asegurarme que las dimensiones del lado izquierdo están de acuerdo con las hechas en el lado derecho.

Algunos pintores ni siquiera se preocupan si un lado es distinto. Pero usted debe ser conciente que no está solamente tratando de satisfacer al cliente. Usted mismo debe estar conforme - así como lo debe estar toda otra persona que mira su trabajo. Los críticos se encuentran en todas partes.

Más Perlas

Ahora coloco dos capas medianas de PBC 31 naranja atardecer - sunset orange - con la pequeña pistola de retoque. Hay veces en las que usted debe intentar hacer cosas nuevas, y para eso he creado una máscara de paja.

El color que voy a usar con la máscara es PBC 64 ultra naranja, diluído en un 100% porque usted no necesita que se trasluzca mucho color. Lo que quiero es una especie de efecto de neblina. Tuvimos que intentar con esta máscara de un par de modos y ángulos diferentes hasta conseguir el efecto que yo quería. Hicimos todos los diseños en dirección horizontal, aunque usted los podría hacer más al azar si quisiera. Yo disparé todo esto a 25 psi con la pistola de retoque.

El Efecto de Sombra Paralela o "Drop Shadow"

La sombra paralela se obtiene con SG 100 mezclado uno a uno. Luego de mezclarlo bien, yo le adiciono pequeñas cantidades de negro, BC 25, usted no necesita mucho. La idea es crear una sombra paralela o 'drop shadow'. En cada sitio donde el color azul va arriba del naranja, hacemos una sombra paralela. En cada lugar donde teníamos a la cinta sacada para esa lágrima, hacemos una sombra paralela. Nos da ese efecto de 3-D.

Estoy usando una pistola DeVilbiss especial hecha para hacer una composición de puntos, esta pistola no tiene cuernos de aire. Note, una pistola de retoque adaptada a un patrón de puntos va a lograr lo

Antes de quitar la cinta, voy a crear un efecto de sombra paralela o "drop shadow". La pintura es BC 25 jet set negro mezclada ligeramente con SG 100.

Usted no puede realmente apreciar lo que se ha hecho hasta que quita la cinta.

Una vista de cerca muestra el efecto de la máscara y de la sombra paralela.

No hemos terminado aún. Tenemos que colocar más cinta, asegurándonos de no enmascarar por encima de ninguna parte blanca.

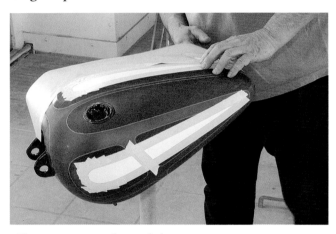

Ahora pasamos al papel de enmascarar...

mismo. Luego de las sombras necesitamos colocar una mano de SG 100 antes de jalar la cinta, esto protege el efecto de neblina que recién hicimos.

Ahora podemos quitar la cinta, y aun cuando no hemos terminado, usted puede ver que esto comienza a parecerse a algo. Esto es divertido sólo cuando usted improvisa, cuando usted tiene algun grado de libertad creativa. Una vez que se ha sacado la cinta, usted puede comenzar a ver qué es lo que va a ser, lo que quiero decir es que usted tiene esta idea en su cabeza, y a medida que va quitando la cinta se tiene que preguntar '¿es ésto lo que yo estaba buscando ?'

ENMASCARANDO EL BLANCO

La idea aquí es dejar que todavía se vea un poquito del otro color, así sabemos que estamos obteniendo una cobertura completa del blanco. Si no se pintaran las rayas finas, utilizaríamos la cinta plástica, porque deja una línea realmente limpia. Usted no puede doblar la cinta cuando la va colocando, porque si lo hace se le van a hacer bolsillos.

Una vez que se ha aplicado la cinta al borde del área blanca, entonces nos cambiamos a la máquina de colocar cinta porque es más rápida y fácil. Yo hago algunos ligeros raspones y luego retoco el blanco allí donde tenemos rasguños Si yo hubiera colocado SG 100 arriba del blanco, no tendría que estar haciendo ésto.

La pintura se va a colocar como neblina arriba del óvalo blanco, perla rosa –pink- PBC 35 rodeada de perla rosa caliente -hot pink- PBC 39. Rociamos el PBC 35 en el centro de la lanza con la pequeña pistola productora de neblina, el regulador se ajusta a 35

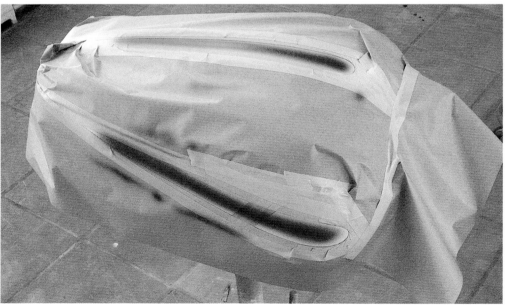

...antes de comenzar con la aplicación de los dos colores rosa sobre la mano de base blanca, BC 26, que fuera colocada con anterioridad. El primer color de pintura es rosa perla rociado en el centro del óvalo.

psi a la altura de la pared con el gatillo apretado. Esta es la pistola que usamos antes, no tiene "cuernos" de modo que solo rocía un patrón de puntos. El color se acumula con una serie de pases bajando por el centro de la lanza hasta que la cobertura me satisface y siento que está pareja.

Esta pistola coloca tan poco material que quizas lleve de 12 ó 15 pases conseguir el color y la cobertura que yo quiero. A esta altura es casi como usar un aerógrafo.

A medida que reviso y veo las partes, puedo ver que se trasluce más blanco en el tanque de gasolina a través del borde de la lanza, asi que tomo la pistola con el rosa caliente y le aplico más para oscurecer esa área. Este es un buen ejemplo de los tipos de adaptación que usted tiene que efectuar cuando hace diseños muy detallados.

Cuando he terminado con todo, tomo a la otra pistola y coloco una mano liviana de SG 100.

Ahora, ni bien quito la cinta, es buena idea raspar toda la pintura con papel algo gastado de grano 500 y agua. Esto va a rebajar los bordes de cinta, lo que hará más fácil obtener una superficie perfectamente plana luego. Toda esta pintura ha sido cubierta con claro, si no fuera así usted no podría lijar sobre las manos de base. Luego tomo una almohadilla para raspar, una almohadilla Scotch-brite gris, con un poco de agua, y repaso todo una vez más. Esto es cuando usted está buscando algún enmascarado erróneo o áreas que deben ser retocadas.

Yo dupliqué la reducción para el efecto de neblina o matizado, lo que me dará una atomización más fina

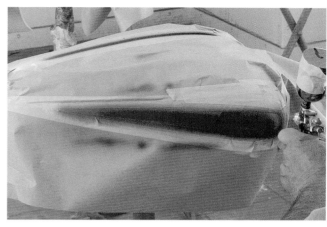

Luego, rodeo al rosa con rosa caliente - hot pink - PBC 39 aplicado con una pistola de retoque.

Antes de quitar la cinta, inspecciono el área recién pintada para verificar que la cobertura esté completa y el color sea consistente.

Antes de quitar la cinta coloco una capa rápida de SG 100, justo lo necesario para proteger el trabajo que acabamos de hacer. Una vez que la cinta ha sido quitada, el tanque se ve bastante bien, aunque no hemos terminado todavía.

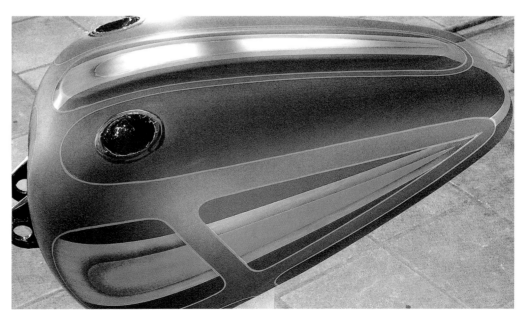

Antes de pintar las rayas finas, aplico otras 2 manos de claro UC 35 y permito que se seque.

El claro es raspado con papel de grano 500 antes de colocar la cinta en su lugar.

y una cobertura más lenta. Esto significa que usted hace muchos pases, pero tolera mejor cualquier irregularidad pequeña que pueda resultar de la técnica o de la pistola.

Ahora podemos colocar dos manos de claro, UC 35, una medianamente mojada, la otra super mojada, apenas lo suficiente para que yo tenga en donde colocar las rayas finas.

Para esta aplicación hice un color especial, mezclando naranja y rojo. Es lo que yo llamaría bermellón. La relación es dos partes de rojo U-3 a una parte de naranja U-4.

LA SEGUNDA SERIE DE RAYAS FINAS

La pintura rayadora que estoy usando aquí es pintura cósmica rayadora de uretano. Estas pinturas rayadoras están diseñadas para que se les pase claro. El otro color es magenta UC 14 y lavanda UC 15. Al mezclarlos obtengo un color lavanda que es bien bonito.

La cinta Scotch es realmente útil en algunas de estas situaciones. La uso cuando una línea cruza a otra. Me gusta usar la cinta número 811, la cinta removible, porque no deja ningún residuo después. Y hago una solapita que se dobla sobre sí misma para tener una esquina para agarrar cuando llegue el momento de jalar la cinta.

Usted puede usar cinta de enmascarar plástica, pero se puede ver de modo que es facil de cortar sin cortar a la pintura. Es un producto excelente. Y es tan fino que su mano se desliza fácilmente por arriba del mismo. Con la cinta de enmascarar usted siempre tiene algo de arrastre por debajo del borde de la cinta.

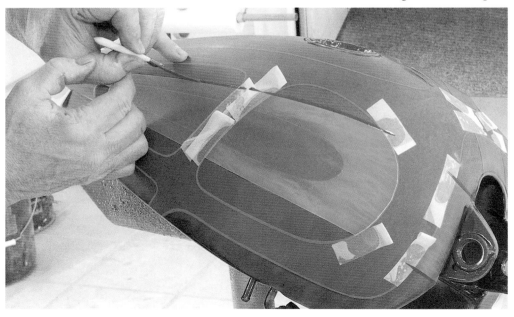

Note como comencé la línea sobre la cinta, luego me detuve sobre el próximo pedazo de cinta, y comencé de nuevo sobre la cinta. De este modo, usted obtiene líneas bonitas y consistentes. La cinta es tan fina que usted no obtiene desnivel alguno cuando el pincel pasa de la cinta al tanque, o del tanque a la cinta.

El pincel que estoy usando es de tamaño 000, de cerda natural de pelo de cola de ardilla. Usted debe paletear a la pintura cuando la está usando con U 00, la pintura está diseñada para esto. Algunos pintores usan un reducidor seco rápido como el 310, el que no está diseñado para esto, y como resultado tienen problemas.

Cuando usted aplica rayas finas, cuánto más presión ponga sobre el cepillo, tanto más ancha será la línea. Nadie logra una línea perfecta todo el tiempo, la gente no debiera ponerse muy exigente con sus líneas, es humano tener un poco de variabilidad en la línea.

La cinta le permite comenzar la línea sobre la cinta de modo que cuando el cepillo toca a la línea verdadera ya se está deslizando realmente bien. Esta pintura se seca tan rápido que dentro de la hora usted puede estar en la cabina aplicando el claro. Usted puede ahorrar algo de dinero de este modo. One Shot no es así, nunca se seca tan rápido. Y como tiene una base al aceite, se puede levantar cuando se le coloca claro.

Cuando se termina con el naranja, me gusta chequear todas las áreas que he pintado antes de limpiar el pincel. Y si usted cometió un error, esta pintura se puede quitar pasando un trapo con acetona.

Como paleta puede usted usar cualquier tipo de papel o cartón sellado, pero lo mejor es usar un material que esté recubierto para que la pintura no penetre en el papel. La mayoría de la gente que hace rayas

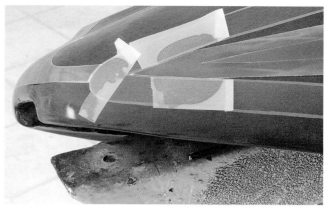

Cuando el diseño es complejo, es difícil lograr que una raya fina termine exactamente en el lugar donde comienza la otra.

La cinta me permite hacer exactamente eso. La línea donde las dos se encuentran es bonita y limpia.

Para hacer las rayas finas en los colores amanecer y atardecer - sunrise y sunset - yo uso el bermellon, mezclado de la pintura rayadora roja y naranja. Note como el dedo meñique de cada mano se usa para apoyar la mano que sostiene al pincel.

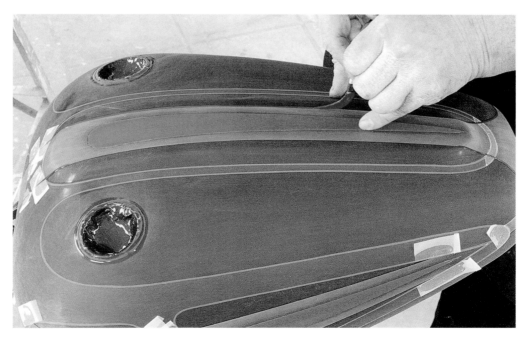

Las curvas son una de las cosas más difíciles para rayar. Usted tiene que rodar al pincel entre el dedo pulgar y el índice mientras va dando la vuelta alrededor de la esquina.

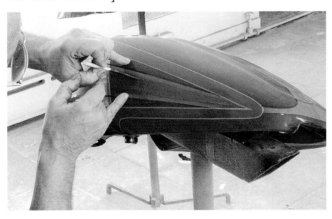

Las líneas rectas son relativamente fáciles, aunque una línea recta fina todavía requiere paciencia y práctica.

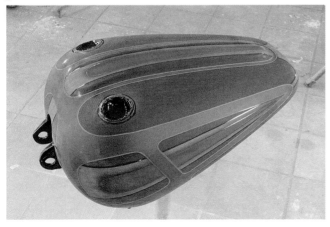

El tanque terminado. Ahora usted puede ver como las rayas finas ayudan a definir a todas las diferentes secciones y colores.

finas, incluyéndome a mí, tiene dificultad con las curvas. Usted tiene que rotar el pincel a medida que avanza. Con nuestra pintura no puede usted darse cuenta donde comienza o termina una línea. Usted puede parar y recibir una llamada y luego recomenzar, y no se nota después.

Usted puede usar un pincel para delinear para los rincones estrechos, porque a los pinceles para hacer rayas no les gusta hacer vueltas cerradas. Si lo hace, debe asegurarse de rotar el pincel a medida que avanza. Es una buena idea realmente cargar el pincel con pintura antes de comenzar a hacer una vuelta estrecha.

Puede usted eliminar errores pasando un trapo que está ligeramente embebido en acetona; use presión firme, luego regrese desde la otra dirección y pasele el trapo a la colita pequeña. Nota: esto sólo puede hacerse cuando el rayado se haga arriba de un claro catalizado como nuestro UC 35.

Debe usted prestar atención a la manera en que siente al pincel a medida que lo mueve a través de la paleta, si se siente rígido usted sabe que no va a poder sacar la pintura del pincel y ponerla sobre el tanque.

Usted puede hacer que la pintura esté mojada durante todo el día si agrega U 00 y paletea al pincel hasta que se afloje de nuevo. Note que yo guardo el U 00 en un vaso separado, de modo que no pongo al pincel directamente dentro de la lata de pintura y la contamino. Poner un poco de almidón de maíz en las manos es también una buena idea para que sus manos se deslicen fácilmente sobre el tanque.

Como mencionáramos antes, la estática es un problema con los guardabarros de fibra de vidrio, usted tiene que tener cuidado porque la carga eléctrica trata de arrancar a la pintura directamente del pincel.

La pintura lavanda es la segunda pintura rayadora que tengo que colocar. Ahora todo lo que falta es retocar las rayas finas azules en el lugar donde cruzan los otros colores, y luego podemos dejar que todo se seque y poner las manos de claro.

Tal como hiciéramos en el pasado, paso una capa de claro sobre las rayas con UC 35, una mano de bond y dos manos mojadas. Luego que eso se seca durante 12 horas, yo aplano la pintura con papel de grano 500 usando una almohadilla de lijado flexible y, en algunos casos sin almohadilla alguna.

Para las manos finales de claro uso UFC 35, éste es nuestro claro fluído, es más blando y más fácil de pulir más adelante. Nuevamente, me gusta comenzar con una capa ligera de bond y seguir con dos o tres manos mojadas. En este caso yo utilicé dos capas mojadas. Cuando mezclo el claro para hacer la mano fluída, agrego un poco de reducidor extra. La relación que uso es de 2:1:1-1/2 (50% de reducidor extra).

El lijado y pulido del color comienza con el Bulldog y una almohadila de grano 1500. El lijado mojado comienza con el pulidor "mojado" Dynabrade. Primero uso una almohadilla de grano 2000 y luego una almohadilla de grano 4000. El pulido comienza con una gran máquina sacadora de brillo de velocidad variable (usted no quiere pasarse de 1750 RPM), una almohadilla de pelo de lana cortado y algo del compuesto para frotar Perfect It III de 3M, y progresa al vidriado de máquina Perfect-It III pulido con la almohadilla de espuma retorcida.

Un poco de Kosmic Shine, colocado con un aplicador de espuma blanda y quitado frotando con una toalla suave finaliza el trabajo de pintura.

Antes de aplicar la última mano de claro, usted necesita inspeccionar cuidadosamente al tanque y a todas las rayas para ver si hay pequeños errores o irregularidades.

El trabajo terminado visto bajo un cielo nublado. Note la manera en que el diseño y los colores coordinan con los colores existentes del motor y de la estructura.

Capítulo Seis

Llamas de Colores Cambiantes en una Dyna

Arréglela, luego póngale Llamas

Aquí se ve un trabajo de pintura hecho sobre una Harley-Davidson Dyna que pertenece a Shantha Jayapathy. Si bien estamos pintando a la máquina completa, hemos decidido nuevamente concentrarnos en el tanque de gasolina. Al igual que con los otros proyectos vistos en el libro, he decidido comenzar haciendo remover toda la pintura y barro viejo, de manera que vamos a trabajar sobre el metal desnudo.

Esto es especialmente importante en el caso de la Dyna, que ha tenido mucho trabajo de carrocería hecho con anterioridad.

Lo primero que hago luego de llevar las partes en al taller es montar el tanque sobre un soporte bien resistente. Las veces que puedo, me gusta atar las partes al soporte con alambre. Nada es peor que tener al tanque o al guardabarro moviéndose cuando se está

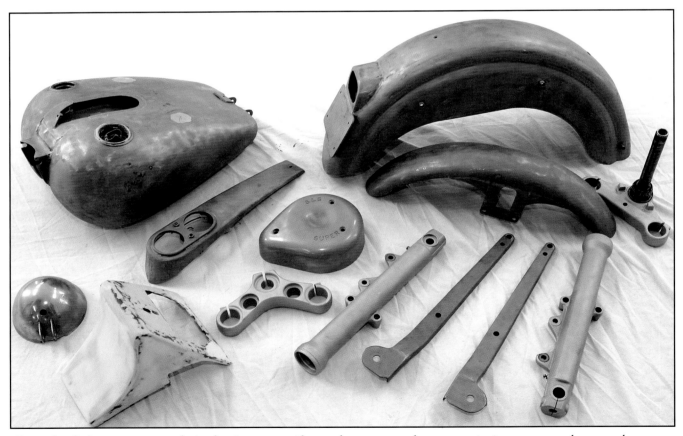

Como he dicho antes, un trabajo de pintura es sólo tan bueno como lo son sus cimientos, y usted no puede tener un buen cimiento si está pintando sobre un imprimador y un trabajo de carrocería de calidad desconocida.

pintando – o que se caigan del soporte.

Comienzo rasqueteando el tanque con papel de grano 80. Esto limpia al metal y deja una superficie sobre la cual el rellenador se puede adherir. El material removedor que usan en lo de Kirby deja una capa puesta que puede impedir la adhesión del rellenador. Para esta primera aplicación, yo mezclo el barro con sólo un poco de endurecedor, para darme más tiempo para trabajar. El rellenador que estoy usando es el Dorado Furia - Rage Gold -, a mí me gusta porque se lija fácilmente.

ARREGLE EL CALCE

Ahora cubro al tanque con la primera mano de barro y coloco el tablero de instrumentos sobre el tanque. No quito el tablero de instrumentos hasta que el barro se haya fijado parcialmente. El borde del tablero deja una línea en el rellenador, y yo uso un rallador de queso para rebajar al rellenador hasta esa línea. Lo que estoy haciendo realmente es una serie de pruebas de calce y sesiones de rallado. Luego limpio los bordes y rasguño a todo el rellenador con papel de grano 40. Esto es importante, así la próxima capa de rellenador tiene de donde adherirse.

UNA SEGUNDA APLICACIÓN DE RELLENADOR

Para el próximo lote de rellenador, usaré un poquito más de endurecedor. Con esta aplicación de barro, emparejaré el rellenador que ya aplicamos con la superficie del tanque, y rellenaré las abolladuras en el tanque. Siempre es una buena idea lograr que cada aplicación del rellenador sea lo más lisa posible, no tiene sentido que usted se dé más trabajo que lo que es necesario.

Yo jalo el barro en una dirección y luego lo jalo en la otra dirección, el barro va hacia el lado para el que usted lo tira. Para centralizarlo sobre un lugar bajo es una buena idea jalarlo en la otra dirección durante las últimas tiradas. Usted puede lograr mucho con este rellenador cuan-

Aquí tenemos una impresión perfecta de la cantidad exacta de rellenador que necesitamos para llenar la brecha entre el tablero de instrumentos y el tanque.

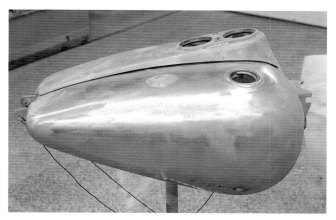

Luego de que se les ha removido la pintura, el tanque y el tablero de instrumentos se ven algo ásperos. Noten la abertura donde el tablero de instrumentos se junta con el tanque.

Me gusta colocar el tablero de instrumentos adentro del barro cuando éste todavía está blando, luego dejar que se comience a fijar antes de sacarlo.

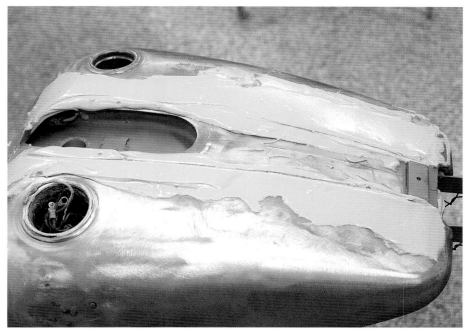

El rallador de queso es uno de mis instrumentos favoritos para situaciones como ésta. Estoy trabajando el barro antes que se endurezca completamente.

... y para comenzar a rellenar las áreas ásperas en cada lado del tanque.

Un calce de prueba indica que hay progreso pero necesitamos un poco más de rellenador cerca del medio y de la parte de atrás del tablero de instrumentos.

El rallador de queso no funciona muy bien en las esquinas redondeadas...

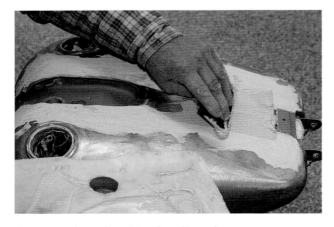

La segunda aplicación de rellenador se usa para agregar altura al centro del tanque...

...para los costados me gusta la lijadora **grande** de acción dual de seis pulgadas, en este caso estoy usando papel de grano 36.

do está semiduro. Una vez que está totalmente endurecido es mucho más difícil de lijar y de trabajar. Y esto vale para todas las marcas.

Los ralladores de queso son buenos instrumentos, mueven al rellenador rápidamente y cuestan menos que el papel de lija. Usted debe tratarlos como trata al papel de lija en el sentido que siempre debe trabajarlos en forma de X.

El rallador de queso trabaja como un bloque de lijar largo y una mano guía, cuando usted termina con un área puede ver los sitios bajos fácilmente. Pero para áreas redondas como las esquinas delanteras de este tanque me gusta usar un a la lijadora **grande** de acción dual - 'el mud hog' - con una almohadilla de grano 36. Me gusta la pequeña que estoy usando aquí, es de National Detroit, un modelo 9600 de seis pulgadas. La almohadilla hace rotaciones en forma descentrada como una lijadora de acción dual da, pero es más rápida que ésta, y bloquea mejor. A diferencia de lo que sucede con una lijadora de acción dual da, la almohadilla realmente gira. Para comenzar a trabajar el barro debo tener una almohadilla de grano 36 en la lijadora.

Estoy usando un toque liviano, concentrándome en mantener a la almohadilla plana contra la superficie de modo que sólo esté rebajando los sitios elevados. Lo clave aquí es dejar que el barro le hable.

Quiero reducir la velocidad de lo que estoy removiendo, de modo que paso a usar un bloque de lijar. Los bloques que estoy usando le permiten a usted sacar las clavijas que corren a lo largo para que el bloque se amolde al contorno de la superficie, o mantener las clavijas puestas para que el bloque de lijar sea más rígido

Es hora de hacer otra prueba de calce del tablero de instrumentos. Debo recordar que el imprimador y la pintura van a aumentar el grano de la superficie, de modo que debiera haber sólo un pequeño espacio entre el tablero de instrumentos y el tanque. Antes de agregar otra capa de rellenador tengo que rasquetear todas las partes de rellenador que no hayan sido lijadas con papel de grano 36 ó 40.

TERCERA Y CUARTA APLICACIÓN

Lo más difícil de enseñar a la gente que recién comienza es trabajar el barro con delicadeza; si usted lo hace le va a ahorrar mucho tiempo. Yo debo esperar hasta que el barro pueda ser rallado (página 102). Una vez que me aproximo cerca ya no uso más a la lijadora **grande** de acción dual, quita demasiado material demasiado rápidamente. Uso, o bien la lijadora de acción dual, o hago el trabajo a mano.

*Esta lijadora **grande** de acción dual – el 'mud hog' - es un modelo pequeño de 6 pulgadas de National Detroit. La almohadilla hace rotaciones en forma descentrada como una lijadora de acción dual, pero rota más rápido que ésta.*

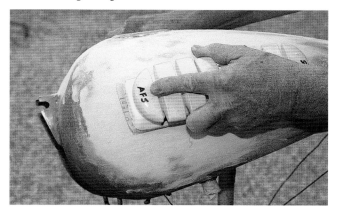

El próximo paso es un bloque de lijado con las clavijas quitadas, equipado con papel de grano 36.

Y ahora hacemos otra prueba de calce y evaluamos el progreso del tanque hasta aquí.

Cuando usted tiene una forma redondeada como ésta, especialmente una que está en mala condición, le puede llevar varias aplicaciones lograr una buena superficie.

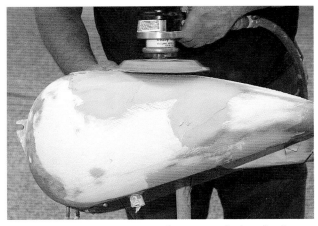

Nuevamente, uso una combinación de lijado de acción dual seguido por lijado de bloque, usando en ambos casos papel de grano 36, haciendo todo antes que el barro esté completamente endurecido.

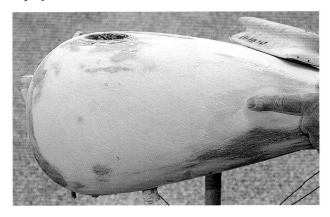

Aquí puede usted ver un sitio bajo que va a tener que llenarse, y el patrón de X dejado en el barro por nuestro lijado de bloque.

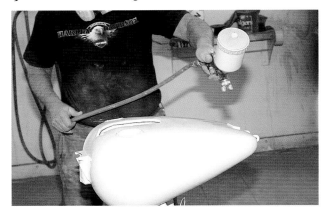

A esta altura, estoy aplicando otras dos capas de imprimador, ya he aplicado tres capas y lijado con bloque de grano 150.

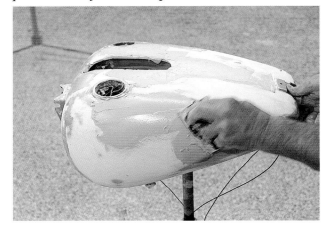

Una aplicación más (la número 4), una aplicación liviana para rellenar el sitio bajo notado anteriormente, y elevar la superficie del tanque al frente.

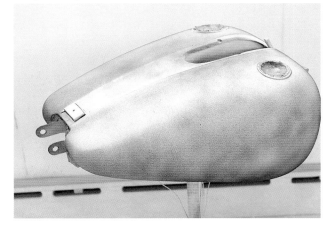

Luego viene la mano guía antes de que comencemos con la ronda siguiente de lijado de bloque.

Ahora voy a trabajar con la lijadora de acción dual y una almohadilla de grano 36 (no mostrado). Me gusta usar granos agresivos para lijar el barro. A continuación, paso a usar la almohadilla de lijar. Los tanques son difíciles de hacer, tienen tantas formas, y éste no está en buenas condiciones. Note la fotografía con el dedo que señala el punto bajo en el lado izquierdo, que se puede observar por el color diferente; note también el patrón en forma de X que se puede ver en el barro.

Necesitamos hacer una aplicación más de barro. Es importante limpiar la almohadilla plástica para mezclar entre cada lote de rellenador. Ahora estamos acercándonos de modo que trabajo con la lijadora de acción dual y una almohadilla de grano 36, usándola cuidadosamente para no sacar demasiado material. Nuevamente, estoy trabajando el barro mientras está endurecido sólo a medias. Otra cosa buena de estar trabajando el barro mientras está blando es que la lijadora de acción dual no va a penetrar el barro viejo, usted solamente está trabajando el rellenador nuevo.

Cuando el rellenador esté semiduro, es buen momento para bloquear. Cuando use la lijadora de acción dual, usted no va a poder seguir un diseño, el uso debe ser al azar o se va a ver más tarde. Ahora lo vamos a limpiar soplando y ya llegamos, a excepción de un pequeño punto que necesita masillado para sitios específicos.

LISTOS PARA EL IMPRIMADOR

El rellenador se lija hasta el punto donde se ven algunas manchas de metal puro, lo que significa que no hay más rellenador puesto aquí de lo necesario. El último lijado es con grano 80 antes de aplicar el imprimador.

El imprimador que se usa aquí es el KP 2 CF, mezclado 1:1. Yo he invertido aproximadamente ocho horas de trabajo de carrocería a esta altura. Aplico tres manos de imprimador, con una pistola de imprimar SATA HVLP funcionando a 50 psi.

Antes de lijar el imprimador coloco una mano guía, luego comienzo a lijar con papel de grano 150 sobre un bloque de lijar (no se muestra). Luego aplico un par de manos de imprimador más y otra capa de mano guía. Estos pasos adicionales no serían necesarios si tuviéramos un tanque mas "normal", sin tanto trabajo viejo de carrocería.

LIJADO MOJADO

El papel que uso aquí es de grano 400, doblado como en las fotografías. Es una buena idea remojar el papel por 20 minutos para ablandar el soporte, hace

Para esta serie siguiente de lijado de bloque estoy usando una almohadilla flexible envuelta en papel de grano 400.

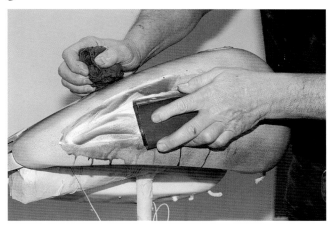

Es importante mantener al papel mojado mientras estoy trabajando.

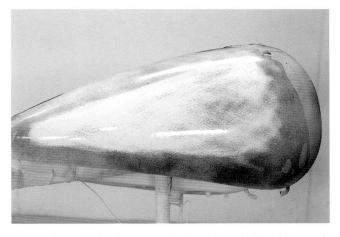

Cuando haya hecho parte del trabajo de lijado, usted podrá ver que quedan algunos puntos bajos. Nuestro objetivo, por supuesto, es eliminarlos a todos.

103

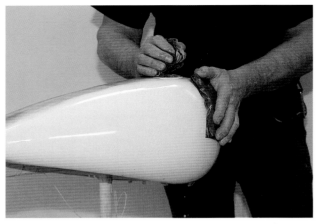

Mientras continuamos trabajando el tanque hasta que se ha quitado casi toda la mano guía liján-dola…

La masilla mezclada se aplica con una pequeña almohadilla flexible y se lija con 400 antes que se haya fijado del todo.

… excepto por este pequeño puntito en la parte inferior del rincón derecho…

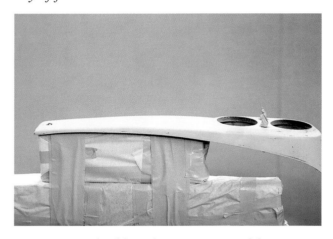

Para pintar el tablero de instrumentos fabrico una aparatito sencillo, que se coloca cerca del tanque para ser pintado.

… que require masilla para sitios específicos que ha sido mezclada en una hoja de plástico limpia.

Lo último que hago antes de aplicar el sellador es pasarle el trapo de polvo al tanque.

que el papel de lija funcione mejor. Usted no puede usar el bloque en las secciones muy curvas en la parte inferior, por ejemplo. Los puntos bajos debieran notarse con el lijado, pero si el área baja tiene una profundida mayor de 1/8 de pulgada, use rellenador normal. Para las áreas bajas que son menos profundas que eso, usted puede usar masilla para sitios específicos. Note como los puntos bajos se notan primero y luego son eliminados mediante el lijado.

A menos que usted use un bloque de lijar, usted no va a saber cuando dejar de lijar. En el rincón derecho superior de la parte delantera, he atravesado el imprimador, pero eso está bien porque estamos utilizando un sellador catalizado. Pero en el rincón inferior derecho hay un pequeño rasguño justo arriba de otro punto atravesado por el lijado y vamos a tener que llenarlo con vidriado.

Tal como lo hiciéramos anteriormente, mezclo la masilla de vidriado de dos partes hasta que logre obtener un color uniforme, la aplico al metal y luego se puede lijar casi inmediatamente. El lijado se hace con 400, el mismo grano que yo estaba usando alrededor de ese sitio. Es un sitio tan pequeño que no vamos a volver a imprimir, si fuera más grande yo volvería a imprimir y hornear esa sección. Si horneáramos el área todavía podríamos pintar en el mismo día. Ahora voy a dar vuelta el tanque y lijar la parte inferior.

Yo lijo adentro del túnel y debajo del tablero de instrumentos sólo lo necesario para que la pintura se adhiera a esas áreas. Cuando pinte el tanque tendré al tablero cerca para que ambos sean pintados al mismo tiempo con la misma cantidad de manos y la misma pistola. En el tablero de instrumentos yo lijo justo hasta que la mano guía haya desaparecido, de este modo no voy a atravesar el imprimador mientras lijo.

APLIQUE EL SELLADOR Y LA MANO DE BASE

Estamos usando KS 11 como sellador, mezclado 4:1:1. Normalmente, yo recomiendo el catalizador KU 150, pero si usted está pintando objetos pequeños use el 100, es más rápido y también más barato. El reducidor que estoy usando es el RU 310. No existe tiempo de incubación con este sellador de uretano acrílico catalizado, mezcle y listo. Usted tiene que tener cuidado con el catalizador, porque es muy peligroso cuando usted lo está vertiendo o cuando está abierto sin mezclar sentado sobre el banco. Siempre limpie las hebras sobre la lata del catalizador antes de volver a colocar la tapa.

A esta altura, yo repaso todas las piezas con el limpiador pos-lijado KC 20 y luego soplo y trapeo.

Estoy usando como sellador dos capas de negro KS 11, dando tiempo a que la pintura se evapore o haga flash entre manos.

A continuación viene la mano de base metálica negro diamante, MBC 03, aplicada en 3 capas.

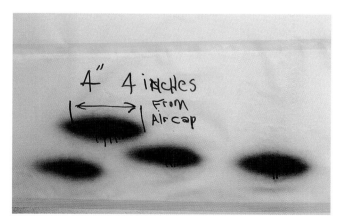

Me gusta poner a prueba el diseño antes de comenzar con el rociado. Para motocicletas el diseño debe tener 4 pulgadas de ancho a 4 pulgadas de la boquilla de aire, aunque para las manos de base el ancho del diseño no es tan crítico.

105

La aplicación del kandy brandywine es el paso que sigue.

Colocamos un total de 6 manos de kandy, seguidas por 2 manos de claro.

Cuando la pintura ya no saca hilos que se pegan a su dedo....

Una vez que el claro se ha curado totalmente, rasqueteo la superficie con papel de grano 500 mojado, con un poco de líquido Ivory en el agua para darle algo de lubricación.

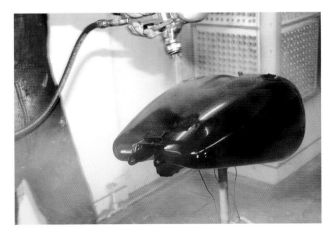

...entonces es hora de aplicar la próxima mano de kandy.

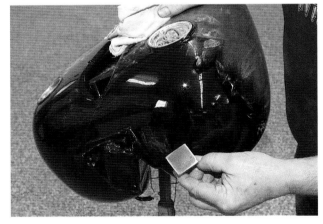

Allí donde hay una pequeña corrida uso la lima para corridas, es para mí como un pequeño bloque de lijar. Remueve la corrida sin remover la pintura adyacente.

Coloco dos manos del sellador, dándoles tiempo a que se evaporen o hagan flash entre manos. La temperatura en nuestra cabina es de 70 grados, ésta es la tempe ratura mínima que consideramos se necesita para pintar. Aún unos pocos grados menos hacen una diferencia enorme. Cuando uso el KU 100, me gusta volver a dar una mano una hora más tarde, el libro dice hasta 24 horas después, pero a mi me gusta hacerlo en una hora. La mano de base que estamos usando es negro diamante MBC 03. Es una mezcla de 2:1, con reducidor RU 310. Esto es mano de base, de modo que no hay catalizador. Debido a los metálicos, no se si va a pasar por el colador. Este nuevo material se mantiene en suspensión mejor que los otros metálicos, las partículas son más livianas y se semejan a una escama sin dar trabajo.

Estoy usando la misma pistola DeVilbiss que usamos antes. Dejo que la pintura se evapore o haga flash entre manos de pintura de base, con una espera de diez minutos entre la última mano de base y la primera mano de kandy. Mezclo al kandy en relación 2:1:1. Para motocicletas, me gusta usar el reducidor rápido, hasta aproximadamente 80 o 85 grados con reducción extra (una o dos onzas por cuarto de galón) en las primeras manos.

KANDY BRANDYWINE.

Usted tiene que probar el diseño de la pistola antes de aplicar el kandy (página 105). Yo quiero una composición de cuatro pulgadas a cuatro pulgadas de la pistola. Lo hago con los cuernos de aire colocados a 90 grados de su posición normal. El primer diseño es un poco desparejo, así que ajusto y hago otro diseño de prueba. El control del abanico se pone siempre totalmente salido hacia afuera. Como yo explicara en el Capítulo Tres, el diseño se instala con el boton de materiales.

Cuando salgo de la cabina para ir a buscar más pintura para la pistola, siempre tiro a la pintura que queda en la pistola adentro de la pintura que voy a agregar a la pistola. Mezclo a las dos y luego vuelvo a llenar la taza con la pintura mezclada.

El kandy se pone rápidamente. Antes de aplicar la próxima mano la pintura debe estar pegajosa pero no deshilacharse sobre su dedo. Los metálicos utilizados en las pinturas MBC están clasificados como de tamaño 90. El rango va de 30 a 150 así que éstos están en el medio.

En este caso coloco seis manos de kandy. Las instrucciones indican cinco a seis. La presión a la altura de la pared es de 35 psi con el gatillo apretado. Este material queda un poquito áspero, así que aplico

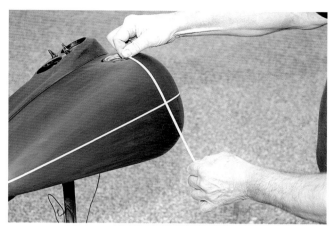

La primera parte en la colocación del diseño artístico es encontrar el centro del tanque

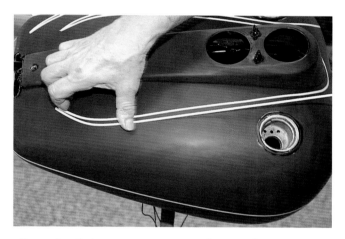

Como he dicho antes, me gusta diseñar directamente sobre el tanque, aquí estoy usando mi pulgar para apretar la cinta hacia abajo...

...mientra coloco la cinta en posición con mi otra mano, todo el tiempo manteniendo apenas un poco de tensión sobre la cinta.

Aquí es fácil de ver como doy vuelta a la cinta en forma de arco.

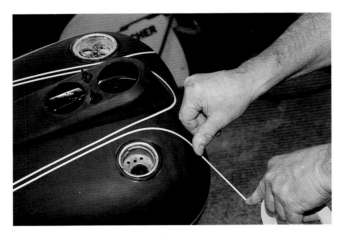

Todo es cuestión de coordinación entre mi mano izquierda y el pulgar derecho.

Un buen diseño debiera fluír. Si no se ve bien, levanto a la cinta y vuelvo a hacer a esa sección de nuevo.

dos manos de claro, UC 35, al final. Estoy usando reductor RU 310 y catalizador KU 100 para el claro.

En situaciones como ésta, la mano de base debiera ser más oscura que la escama, de modo que usted tenga la ilusión de que hay cobertura completa. En caso contrario, el resultado final se verá sucio.

LISTOS PARA EL TRABAJO ARTÍSTICO

He horneado a las piezas anoche para estar seguro que estuvieran secas esta mañana. Usted puede usar lámparas de calor para acelerar el tiempo de secado. La lámpara que yo uso es de Hurkules, lo que le permite prender las luces y aumentar el calor gradualmente para no haya peligro de "despellejar" a la pieza.

Yo lijo el claro con grano 500, muchos pintores a medida dicen que es demasiado grueso pero eso es lo que he usado toda mi vida. Usted no va a querer usar un grano más fino que el 600.

En la parte delantera del tanque hay un poco de pintura que se ha corrido, así que uso una "lima para corridas" hasta que no pueda sentir más a la corrida (página 106). Usted tiene que estar seguro de sacar los rayones de la lima para corridas lijando con papel de grano 500. Cuando usted comienza a ver color en el agua, quiere decir que usted ha atravesado el claro. Yo me pongo muy nervioso cuando eso sucede. También tiene que hacer usted la parte de abajo, y a menos que la dé usted vuelta, realmente no puede ver lo que está haciendo.

En el tablero de instrumentos, es más fácil si usted hace el trabajo delicado sobre el lijado con sus dedos. La forma que tiene hace que sea difícil hacerlo. Usted tiene que pasar el papel de lija con mayor suavidad sobre cualquier pico o borde existente, y mantener sus ojos bien abiertos por si hay el más mínimo color en el agua; si usted no presta atención a lo que hace puede arruinar todo. Mi consejo es que quite la presión del papel cada y toda vez que esté sobre un borde.

EL PRIMER DISEÑO

A fin de tener continuidad, voy a hacer el último diseño primero; yo no dibujo mis diseños antes de tiempo. Mi objetivo es dibujar con la cinta. Pero primero debo encontrar el medio. La cinta es una cinta de crepé, cinta de enmascarado de 3M, UPC 06343 de 1/8 de pulgada. El problema que usted observa con la cinta de crepé es que la pintura tiende a colarse por debajo de la cinta, pero con nuestras manos de base de Shimrin esto no es un problema. A mí me gusta la cinta de enmascar porque da buen resultado y se rasga fácilmente.

Sus manos deben estar extremadamente limpias para esto, para que no haya aceites que se transfieren al tanque.

Aunque usted debe tener cuidado que no haya demasiada tensión en la cinta, especialmente en las esquinas...

Lo que me gusta de esta cinta de crepé es el hecho que usted simplemente la puede romper debajo de la uña de su pulgar y recomenzar en la otra dirección.

...o se va a soltar cuando se aplique la pintura.

Esta cinta de 1/8 de pulgada es buena porque gira en forma relativamente fácil.

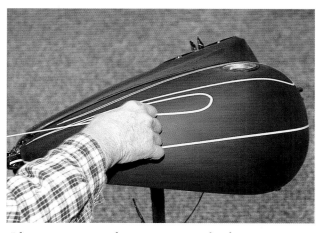

Lleva práctica poder crear curvas lindas, tensas y lisas como ésta.

Mi objetivo aquí es colocar una punta de llama más en la parte inferior del tanque.

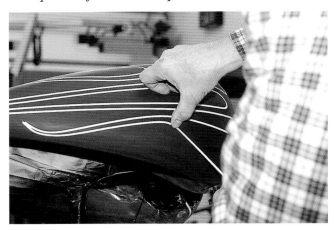

Lo que requiere otra vuelta muy cerrada.

Los tanques son asimétricos, usted debe encontrar el centro y correr un pedazo de cinta desde adelante hasta atrás. Luego comienzo a trabajar con el diseño. Si el patrón no se ve bien en cualquier momento, usted puede levantar la cinta y correrla. En la parte superior del tanque trato de lograr que el espaciado de las puntas sea parejo, porque se nota cuando usted está sentado sobre la bicicleta. Yo siempre mido a partir del tablero de instrumentos o de las aberturas de gasolina.

Lo puedo ver a ojo más rápidamente de lo que me llevaría hacer un molde y usarlo del otro lado. Esto viene de tener años de práctica, para mí es cuestión de velocidad. Está bien chequear un lado contra el otro con la cinta pequeña de medición. En este caso, sin embargo, el tablero de instrumentos está hecho a mano, así que confío en mi ojo para decidir que es lo que se ve bien.

Las llamas deben curvarse y volverse sobre sí mismas por todo el objeto, ésto es de importancia crítica. Y ambos lados deben ser iguales. Como he dicho, ese viejo adagio de poder ver sólo un lado por vez es un escapismo. Usted debe lograr que el primer lado salga bien, y luego chequear el segundo lado contra el primero.

Haga el enmascarado en capas, así todo sale de una sóla vez cuando tira. A veces usamos cinta de 3/4 de pulgada y a veces de 1/4 de pulgada, dependiendo de la situación. Usted también puede usar un cuchillo X-acto para cortar la cinta a la altura de la curva. Cuando enmascaro el resto del tanque trato de alcanzar el 50 % de la cinta de dibujo (note la fotografía en la parte inferior izquierda de la página 111).

Coloco a la cinta de atrás hacia adelante, de modo que cuando usted levanta la parte delantera de la cinta, se va a despegar toda el área. En los giros cerrados es más fácil usar cinta de 1/4 de pulgada, puede dar una vuelta cerrada allí donde la cinta de 3/4 no puede.

Usted tiene que relajar la cinta hacia adentro del giro, sino

Y una corrida breve hacia la parte de atrás del tanque.

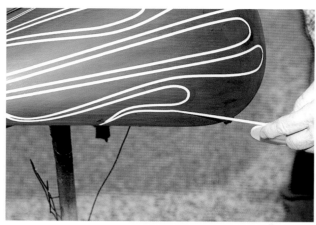

Ahora voy a poner la cinta hasta la parte delantera del tanque y crear otra punta de llama.

La cinta más ancha es difícil de girar, generalmente es más fácil simplemente cortarla prolijamente con una hojita de afeitar on con un cuchillo X-acto.

Aquí puede usted ver lo que he creado. Denomino a estas llamas 'llamas de estilo festoneado'. El largo ayudará a dar a la bicicleta una sensación de movimiento.

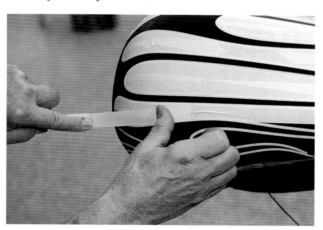

Estoy usando la misma técnica para colocar la cinta ancha que usara con la cinta de crepé de 1/8 de pulgada.

Una vez que me gusta el diseño es hora de enmascarar al resto del tanque. La cinta más ancha debiera cubrir la mitad (50%) de la cinta de 1/8.

Nuevamente, estoy enmascarando las áreas interiores con cinta más ancha, a la que corto prolijamente con el cuchillo X-acto.

También puede usted usar cinta de 1/4 de pulgada, la que puede girar, para cubrir la parte interior de las curvas.

De nuevo estoy usando mi pulgar para guiar a la cinta, y teniendo cuidado de colocarla sin tensión alguna.

la pintura fresca va a hacer que se suelte. En los giros realmente cerrados es mejor cortar la cinta, porque si usted la hace dar una vuelta demasiado cerrada quizas quede tan ajustada que se va a soltar más tarde. Usted va a tener que mirar que no haya enmascarados equivocados y lugares donde la cinta no ha enmascarado del todo, o donde la cinta se está empezando a separar del metal.

DISEÑOS PARA GUARDABARROS

En el guardabarros delantero yo tracé primero una línea central con cinta, luego hice el diseño. Antes de hacer el diseño para el guardabarros trasero, coloqué a los amortiguadores en su lugar y luego tracé una línea central. Usted no quiere que el amortiguador corte a la llama o el dibujo se va a ver como una idea de último momento.

COLORES DE KAMELEON

Aplico tres manos de la pintura de cambio de color con la pistola de detalle DeVilbiss HVLP. Los nuevos materiales de Kameleon son verdaderamente especiales, usted no pensaría que podrían funcionar con lo que estamos haciendo, pero el resultado será espectacular. Para la mayor parte de la llama estoy usando rojo cobre-a-verde. Luego matizo con un poco de verde-a-azul en la parte de adelante y en las las puntas de las llamas.

Yo recomiendo que siempre revuelva el SG 100 antes de usarlo porque las dos resinas pueden separarse. Comienzo con dos tazas de SG y 2 tazas de 310 para una reducción del 100%. Lo mezclo todo junto y luego vierto una parte para mezclar los colores Kameleon. Para el azul-a-verde comienzo con tres onzas del SG 100 mezclado y le agrego 1/2 cucharada de te de polvo. Para el rojo cobre-a-verde comienzo con una cucharada de te colmada en las nueve onzas, pero eso no parece ser suficiente así que agrego otra 1/2 cucharadita de te.

Usted quizás piense que la parte difícil se ha terminado una vez que terminó con el dibujo, pero el enmascarado da igual cantidad de trabajo.

La pintura Kameleon viene como un polvo seco y debe ser mezclada con SG 100.

Yo me tomo el tiempo de revisar al tanque una vez que he terminado con el enmascarado. Es nuestra última oportunidad para poder cambiar algo que no nos guste en el diseño.

Comienzo con una cucharada de té colmada en 9 onzas de SG 100 mezclado.

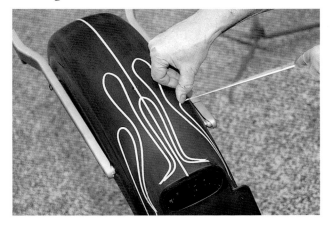

Es importante, y a veces difícil, transferir el diseño usado en el tanque a los guardabarros.

Usted tiene que confiar en su ojo. Luego de mezclar una cucharada de té con el SG 100 ya mezclado, yo observo la mezcla resultante bajo una pequeña luz spot y decido agregar más Kameleon.

El rojo cobre-a-verde se coloca en tres manos rápidas...

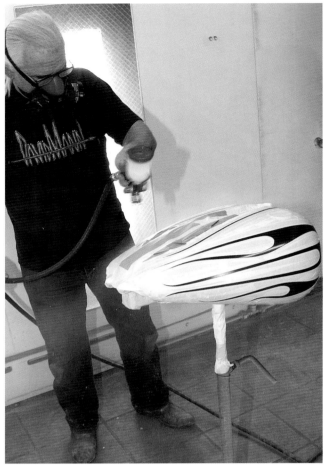

Cuando toda la pintura de cambio de color ha sido aplicada, agrego una capa de SG 100.

...luego agrego los realces verde-a-azul en la parte delantera del tanque y en las partes finales.

Ahora podemos quitar la cinta, que sale fácilmente en uno o dos pedazos grandes debido a la manera en que la colocáramos. Es siempre mejor quitar la cinta antes que después, para minimizar la probabilidad de arrancar pintura.

Luego de pasarlo por el colador y vertirlo en la taza, colocamos tres manos del rojo cobre-a-verde, en rápida sucesión, agregando la mano siguiente una vez que la mano previa no esté más pegajosa. Luego agrego algo del verde-a-azul en forma de neblina en las puntas de las llamas y en el área al comienzo de las puntas de las llamas. Para proteger a la pintura que acabamos de rociar, paso por todo una mano de SG 100 con reducción del 100%. Debido al SG final, podemos usar una almohadilla Scotch Brite para limpiar cualquier área en donde la pintura se haya metido por debajo de la cinta. La almohadilla quita cualquier pedacito de cinta o exceso de rociado que hubiera. Luego enjuago el tanque con agua y lo soplo hasta que se seque. De este modo no necesito usar un trapo de polvo o tocar a ninguna de las piezas. Este paso es de importancia crítica porque cualquier cosa que esté aquí pegada va a terminar enterrada en el claro.

Una vez que el tanque quede libre de cinta de enmascarar, volvemos a enmascarar solamente las dos aberturas del tanque de gasolina y aplicamos el claro, UC 35. El claro se pone en tres capas, una mano rápida de bond para ayudar a que se adhieran las manos que siguen, y luego dos capas mojadas. La capa de bond es en realidad sólo una capa mediana aplicada rápidamente. El claro se mezcla en la relación estándar de 2:1:1, con RU 310 y KU 100. Recuerde, si hay una U en el código de pintura, requiere un catalizador. La excepción es la pintura rayadora, si se le va a poner claro no va a necesitar entonces un catalizador.

Note, el plan original era poner rayas finas en el primer conjunto de llamas pero no en el segundo conjunto. Más tarde, luego de mirar el trabajo terminado, decidimos no hacer ningún rayado fino en el primer diseño, los enmascarados eran nítidos, sin arrastrado debajo del borde de la cinta.

Quiero dibujar otro conjunto completo de llamas, pero primero necesito una buena capa de claro sobre la cual poder trabajar. Estamos aplicando un UC 35. Coloco una capa ligera de bond, luego dos manos mojadas.

Este es un buen momento para volver a enmascarar las dos aberturas del tanque de gasolina.

A continuación repasamos el tanque con una almohadilla Scotch-brite gris para eliminar cualquier pequeño error de enmascarado.

Parece que hemos terminado, pero todavía queda un diseño entero para continuar.

Antes de comenzar con el próximo diseño, debo rasquetear el tanque con papel de grano 500.

En el guardabarros usted realmente puede ver el efecto del verde-a-azul usado bien adelante, y la brillantez que las nuevas manos de base MBC han prestado a toda la pieza.

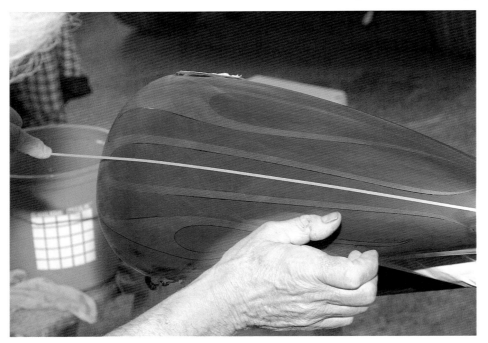

Antes de comenzar con el próximo conjunto de llamas, debo encontrar el centro del tanque. Lo difícil es crear un segundo conjunto de llamas que contribuya al diseño total sin disminuír en nada al primer conjunto.

Las bases de Shimrin son excelentes para esto, no se corren por debajo del borde de la cinta. Y las tres capas medianas sólo acumulan 1/2 mil, lo cual es muy mínimo y fácil de alisar con capas de claro. Yo raramente hago trabajos artísticos con pintura catalizada porque las pinturas acumulan mucho grosor.

UNA SERIE MÁS DE LLAMAS

En este segundo diseño estamos usando cinta plástica, cinta de "borde" de Finesse de 3/32 pulgadas, así obtenemos un borde bonito y nítido. Yo no quiero poner rayas finas en la serie secundaria de llamas.

El segundo color, azul safiro, es parte de la línea de Kameleon II, pero tiene un cambio de color más sutil que algunos de los otros materiales de cambio de color.

Uso un papel de grano 500 mojado para rasquetear la superficie con un poquito de Ivory en el agua antes de comenzar el próximo dibujo. Esta almohadilla flexible que estoy usando realmente me ayuda a alisar las cosas porque concentra el esfuerzo en los sitios elevados. Usted nunca va a eliminar todo el brillo. Cuando hemos terminado queda un poquito a lo largo de los bordes de las llamas, pero usted necesita eliminar la mayor parte del brillo. Recuerde que usted tiene sólo dos capas de claro, tiene que tener cuidado de no atravesar el claro. El lijado del color no lleva mucho tiempo. A veces usted puede darse cuenta de cuán bien lo está haciendo por tacto.

Cuando comienzo a enmascarar dejo un alita doblada en cada punta de la cinta para poder levantarla y efectuar cambios si fuera necesario. Eso es lo que me gusta de esta cinta, el adhesivo que ellos usan le permite a usted alzarla, moverla y volverla a pegar.

Para asegurarme que la cinta está pegada, me gusta pasar la hoja de un cuchillo sobre el

...así puedo obtener un borde de cinta nítido que no necesitará rayas finas. Al igual que con la Sportster, cuando usted está haciendo un segundo diseño, tiene que llevar cuenta de cual diseño va arriba del otro en todas las partes donde se cruzan.

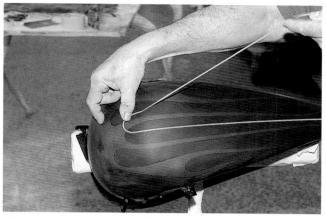

Estoy usando la misma forma básica de llama para el segundo conjunto que usara para el primer conjunto de llamas.

Para el segundo conjunto de llamas estoy usando cinta plástica...

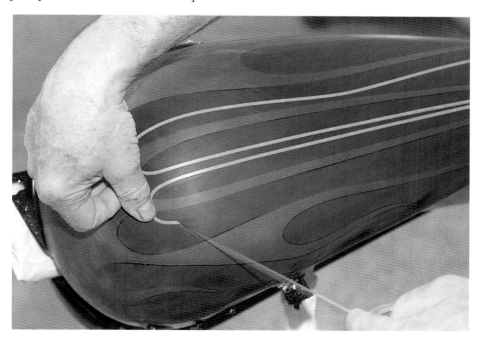

Estoy poniendo la nueva pintura de puntas de llamas entre medio del primer conjunto

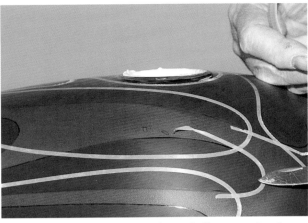

Me gusta pasar una hoja de cuchillo por sobre los bordes de la cinta para asegurarme que esté pegada al tanque.

El segundo conjunto necesita destacarse del primero.

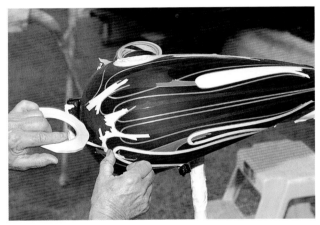

Aquí estoy enmascarando el área donde los dos diseños se superponen. Este segundo conjunto de llamas va a pasar por debajo del primero.

Aunque el diseño se ve abigarrado, todo se va a ver bien cuando haya terminado.

La cinta de 1/4 de pulgada es útil para enmascarar algunas de estas áreas en donde se cruzan los dos dibujos.

material, aunque usted también puede usar un pequeño rodillo. Y no debe usted estirar la cinta o se va a soltar una vez que la pintura la toque. Durante el segundo dibujo tengo que enmascarar los lugares adonde el segundo diseño pasa por "debajo" del primero.

Una vez que he efectuado el diseño es tiempo de enmascarar todas las áreas adonde no queremos que haya pintura. Yo uso cinta de 1/4 de pulgado donde necesito y luego me cambio a la cinta de 3/4 de pulgada ni bien puedo. Para áreas más grandes yo uso papel, porque el papel es más barato que la cinta. Con la cinta de 3/4 de pulgada trato de no doblarla, se arruga demasiado. La rasgo y la vuelvo a aplicar en las curvas para evitar las arrugas.

Nuestras manos de base no son catalizadas, así que usted puede borrar cualquier error frotando con un trapo. El azul safiro se coloca en tres capas medianas, luego un poco del verde-a-azul para darle realce (página 120). Yo lo mezclo para obtener cobertura la primera vez.

Para el verde-a-azul, se ajusta la pistola a un patrón de puntos, con una presión de 20 psi, yo rocío sólamente las partes finales de las manos de pintura y un punto en el medio.

Luego coloco una mano de SG 100 inmediatamente. Ahora es momento para quitar la cinta y poner el claro. Es más bien cómico, nos pasamos todo el día para preparar esto para luego pintar por 15 minutos.

La pintura de claro que ponemos ahora es UC 35, y la colocamos en tres manos, una liviana y dos mojadas. El UFC 35 se coloca al final.

AFUERA DE LA CABINA DE PINTURA

Luego de quitar la cinta y aplicar tres capas de claro UC 35, ponemos las piezas afuera al sol para que el cliente pueda juzgar el trabajo de pintura. "Absolutamente radiante" es como Shantha describe al trabajo terminado. Luego de una breve discusión, decidimos usar el trabajo tal como saliera de la cabina de pintura, sin ponerle rayas finas. Como explicara Shanta, "se ve perfecto tal como está." Y las líneas de la cinta son tan nítidas que no hace falta poner ninguna raya fina para ocultar imperfecciones o errores en la colocación de la cinta.

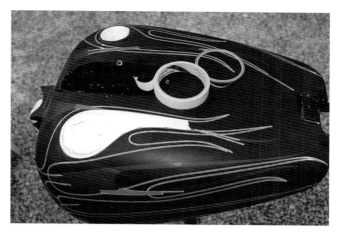

El dibujo da la vuelta alrededor de la tapa de rellenador, así que comienzo mi enmascarado allí.

La cinta de plástico es un buen producto para usar en donde una punta de llama cruza a otra, porque es menos probable que la pintura se corra.

Nuevamente, esta es la última vez que tenemos oportunidad de cambiar la forma de las puntas de llama.

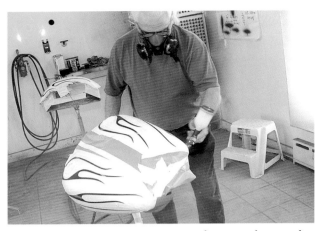

El color primario que estoy usando para el segundo conjunto de llamas es el azul safiro.

La pistola se ajusta para un patrón de puntos primero...

La pistola DeVilbiss HVLP es la misma que yo usara para el otro conjunto de llamas. usted no necesita una pistola grande para este tipo de trabajo.

...luego realzo las puntas de las llamas...

Para los realces, yo mezclo algo de verde-a-azul. Yo lo mezclo lo suficientemente fuerte para que cubra en una sóla mano.

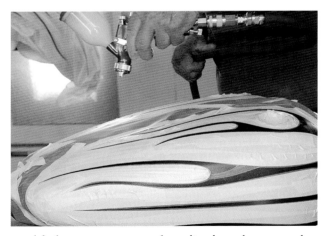

...el bol, y un punto en el medio de cada punta de llama. La última pintura que se coloca antes de quitar la cinta es una mano rápida de claro SG.

HACIENDO EL LIJADO DEL COLOR DE LA HOJA DE METAL

Estoy usando la lijadora plana de acción dual (página 122). La almohadilla no se mece o tambalea como sucede con una lijadora de acción dual más típica. Estas son almohadillas de grano 800 de 3M, se sujetan con Velcro a la almohadilla. Yo he puesto la velocidad bastante baja. Me mantengo alejado de los bordes y esquinas, porque aún con grano 800 remueve la pintura rápidamente, eso es lo que usted quiere pero es fácil atravesarla lijando. El papel se consigue en granos crecientes hasta el grano 2000.

Dé una Mano de Fondo a los Guardabarros

A mí me gusta poner una mano de fondo en las partes de abajo de los guardabarros (no se muestra) con 2 capas de "bedliner", o mano de base engomada. Cualquier roca que se levante va a hacer menos ruido de lata, pero este procedimiento se hace más para evitar que las rocas creen un patrón de estrella si golpean la parte de abajo del guardabarros. Y hace que el guardabarros terminado se vea realmente prolijo.

Usted debe estar alerta por si aparece polvo de color, de la misma manera que usted debe estar alerta por si aparece agua de color, porque significa que usted ha atravesado la capa de claro y ha penetrado dentro del color. Por lo tanto, yo trabajaré esas áreas más tarde con lijado mojado. Con este proceso usted lija, y luego saca el polvo con un trapo. Es mejor y más fácil que el lijado mojado porque usted puede ver lo que está haciendo. usted lija, luego pasa el trapo. Estamos bloqueando y también lijando. A lo largo del camino usted va a encontrar pequeños puntos bajos y algunos puntos altos causados por partículas de polvo. Ocasionalmente, usted tendrá que agarrar una almohadilla Scotch-brite y sacar con ella el polvo de la almohadilla de lijar. Lo que estamos buscando aquí, luego de haberla limpiado, es que no haya lugares brillantes.

Aquí seguimos un patrón: lijamos un poco, paramos, pasamos un trapo por la almohadilla y la pieza, luego chequeamos el trabajo. Me estoy concentrando en lo que estoy haciendo, el color del polvo debe ser blanco. El proceso es rápido, los resultados son inmediatos.

Esto la ha aplanado, es como un bloque propulsado por aire. Por lo tanto, ahora todo lo que tengo que hacer es lijar mojado con grano 500 mojado. Este es el toque final. El lijado mojado saca todo el polvo, y da un poco más de adherencia para la capa de claro. Las cosas se hacen más rápido y son mejores así.

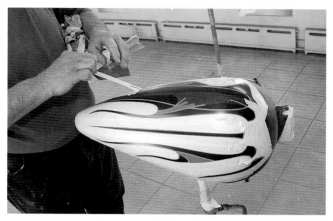

Yo no espero mucho tiempo antes de quitar la cinta. Luego chequeamos para ver si hay errores de colocación de cinta, rasqueteamos el tanque y aplicamos 3 capas de claro.

Ahora usted puede ver como se ven los dos diseños juntos. usted debe poder ver todo esto con su imaginación(o en un bosquejo) por adelantado.

El uso de la mano de base metálica debajo del Kameleon produce puntas de llamas de colores super vivos. El safiro está diseñado para tener un cambio de color relativamente sutil.

Para el lijado del color usamos la lijadora orbital plana equipada con almohadillas de grano 800.

Casi al final de la secuencia de hojas de metal, hacemos un alto para finalizar las piezas del chasis. Para pintar piezas redondas me gusta ajustar la pistola para que tenga un patrón de puntos.

Estoy lijando con presión baja y la velocidad de la lijadora puesta bastante baja.

La secuencia de pintar piezas del chasis es muy similar a la que se usara sobre el metal de hojas, con unos pocos cambios, como se indica en el texto.

El lijado mojado con grano 500 mojado es el último paso antes de aplicar las capas de claro finales.

Volvemos al metal de hojas. El tanque ha sido aplanado y trapeado y está listo para el claro final. Hemos decidido no poner rayas finas en ninguna de las llamas.

PINTE LAS PIEZAS DEL CHASIS

Al igual que con las partes de hoja de metal, todas las piezas del chasis han sido limpiadas con aire comprimido hasta el sustrato desnudo. Como imprimador usted puede usar una mano de KP 2 CF, esperar dos horas, y luego pintar las piezas. O aplique dos manos, déjelas descansar durante la noche, lije ligeramente con 500, y luego rocíelas. Yo decido hacer dos capas porque la capa adicional del imprimador va a rellenar los pequeños puntos bajos o cualquier forma dejada por el soplado con aire comprimido.

Si usted logra que sus manos no toquen ninguna pieza, no transfiere aceite alguno y por tanto no necesita hacer un lavado químico. A mí me gusta simplemente lavar las piezas con agua caliente y luego secarlas soplando con aire comprimido. Pásele luego el trapo de polvo y estará listo para pintar. Enmascaramos y tapamos todas las áreas que encajan estrechamente, como adentro de los arboles triples y adonde el eje atraviesa las piernas inferiores. Y en cualquier parte donde haya hilos.

El sellador que estoy usando es el mismo que usáramos en las piezas de hoja de metal, el negro, KS 11, mezclado a 4:1:1 y aplicado en una capa. El negro diamante, MBC 03, se mezcla a continuación en una relación de 2:1 sin catalizador alguno. Colocamos un total de tres capas, disparo la primera capa, luego las segundas y terceras ni bien la mano previa se seca al tacto, lo que lleva unos cinco minutos en una cabina de 70 grados. Para cuando yo tenga al kandy mezclado, las partes estarán lo suficientemente secas para ser rociadas.

El concentrado kandy, KK 01, es bueno para áreas que no necesitan ser resistentes a la luz, pero no es aconsejable para áreas grandes expuestas al sol. Tal como mencionáramos anteriormente, los materiales KK se mezclan 8:1 con SG 100. Para este siguiente paso aplico cuatro capas, disparando el gatillo en forma restringida, con la boquilla de aire a tres o cuatro pulgadas de la pistola. No queremos disparar mucha pintura en el aire

El acelerador AX 01 se agrega para reducir el tiempo entre manos. Menos reducidor en esta mezcla. Estoy aplicando cuatro capas de la mezcla kandy.

El claro que estoy usando aquí es UC 35. El número 35 significa 3.5 VOC, son reglas gubernamentales. La relación de mezclado es 2:1:1, con el reducidor 310 y sin acelerador, pero yo voy a reducir ligeramente la cantidad de reducidor porque quiero que esto sea un poco más espeso. Después de todo, va a tener que sacar las piedras y pedregullos del camino. Yo aplico dos manos con un tiempo de espera de

Para el claro final, estoy usando UFC 35, 3 capas en total incluyendo a la capa de bond. Estamos rociando con 40 psi a la altura del regulador, apenas un poco menos a la altura de la pistola.

Coloco las dos últimas manos super mojadas y éste es el resultado. Todo lo que queda por hacer es una vuelta más de lijado y pulido.

Comienzo con la lijadora orbital de lijado plano y algo de 1500 seco (no mostrado) y me paso a la Dynabrade conectada a un balde de agua.

Para la Dynabride uso almohadillas de grano 2000 y luego de 4000 con agua.

El paso siguiente es el compuesto y una almohadilla de lana cortada en una pulidora grande.

En lo que hace al compuesto y al vidriado, hay una cantidad de buenos productos incluyendo los de Meguiar y Wizards.

cinco a ocho minutos entre capas. La última capa será super mojada.

PIEZAS DE HOJA DE METAL, EL CLARO FINAL

A esta altura tenemos a todas las piezas de hoja de metal mudadas adentro de la cabina y hemos mojado bien el piso. Estamos usando UFC 35 mezclado en una relación 2:1:1-1/2, usando más reducidor porque éstas son capas fluídas. Este es el claro de brillo más elevado que es más fácil de pulir. Nuevamente, comienzo con una mano de bond y continúo luego de esta capa con dos manos super mojadas. Queremos que éstas sean capas fluídas super lisas. Tengo un patrón de seis pulgadas a seis pulgadas de la pistola con una superposición del 50%. No hace daño agregar un poquitín de catalizador extra, porque cuando usted agrega el reducidor disminuye la velocidad de la curación, la cantidad extra (1 onza a 1 cuarto de galón) va a acelerar el tiempo de fijado.

Con la bolsa de pintura en la taza, la pintura está debajo de un vacío así que puede usted pintar al revés y nunca va a tener ni una gota saliendo de la pistola. Yo estoy usando 40 psi a la altura del regulador, probablemente 30 ó 32 a la altura de la pistola. Este claro UFC es maravilloso, se coloca como un vidrio.

LIJADO Y PULIDO FINAL DEL TANQUE

El proceso usado aquí para obtener un fulgor muy brillante y liso es prácticamente el mismo que hemos usado en capítulos anteriores. El primer paso es lijar plana la superficie con el Mirka Bulldog y una almohadilla seca de grano 1500. El lijado mojado comienza con la pequeña lijadora "mojada" Dynabrade. Esta lijadora simplemente vibra, en realidad no gira en órbita. Comenzamos con una almohadilla de grano 2000 en la Dynabrade, luego nos cambiamos a una almohadilla de grano 4000. Todas estas almohadillas se sujetan como si fuera con velcro.

Una vez que he finalizado con las lijadoras, es tiempo de pulir. Nuestro primer paso es el compuesto de frotado Perfect-It III de 3M y una almohadilla de lana cortada puesta sobre una pulidora grande de velocidad variable, a la que hago funcionar a 1500 rpm.

A continuación, aplicamos el vidriado a máquina Perfect-It III, número 05937. Para el compuesto así como para el vidriado, la velocidad de la pulidora debe estar entre 1500 y 1800. Para este vidriado estamos usando una almohadilla de espuma en vez de la almohadilla cortada de madera que usaramos con el compuesto. Yo uso menos cantidad del vidriado que del compuesto de frotado. La única cosa que queda por hacer es aplicar algo de Kosmic Shine.

Hay variedad de productos que pueden aplicarse a mano como paso final...

...Yo estoy usando Kosmic Shine de House of Kolor.

Cuando se finaliza, el trabajo de pintura terminado se ve muy vivo, especialmente cuando sale el sol. No sólo es éste un trabajo de pintura diferente a todos los demás, es también un trabajo de pintura que cambia con la luz y el ángulo de visión. Lo mejor de los Kameleons en polvo es el hecho que no se broncean y pueden agregarse a otros colores para obtener efectos únicos.

Capítulo Siete

Mustang con Capa de Kandy

Pintura Kandy Arriba y Abajo

El Mustang 1967 que se muestra aquí es un proyecto personal mío. Este Fastback es un automóvil sobre el que he estado trabajando por más de un año hasta ahora. Hice remover la pintura de la carrocería con medio plástico y luego sumergir la carrocería para quitarle el óxido.

Comenzamos esta secuencia de pintura en un punto donde la carrocería está casi lista para el imprimador final. Dado que cubrimos tan a fondo la parte del trabajo de carrocería del Proyecto Camaro, decidimos comenzar este proyecto en un punto donde la mayor parte del trabajo de carrocería estuviera ya terminado.

El imprimador que estamos usando aquí es el KP 2 CF. Hemos trabajado duramente para lograr que el imprimador se meta en todas las grietas y

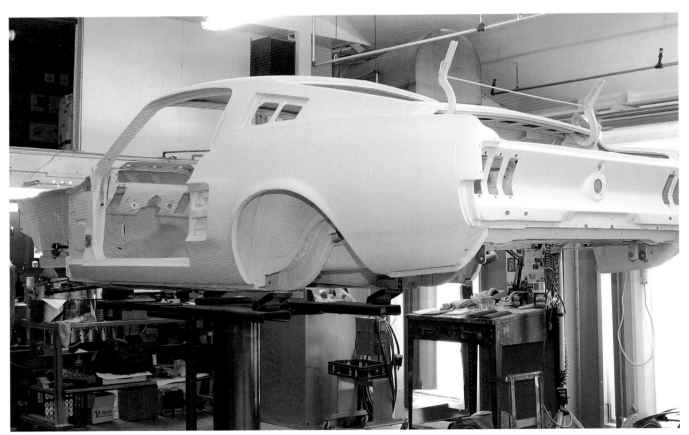

Encontramos sólo un poco de óxido cuando desarmamos al Mustang y le removimos todo hasta el metal desnudo. Aún sin haber mucho óxido, sin embargo, la restauración dió mucho trabajo.

hendiduras del esqueleto de la carrocería y del chasis. No quiero que haya metal desnudo en ninguna parte de este automóvil. Una vez que pongamos el automóvil sobre la rotisería podremos tener la seguridad de que la parte de abajo está imprimada tan a fondo como lo está todo el resto.

LIJADO DE BLOQUE

La primera ronda de trabajo de carrocería y lijado ya está hecha, éste es lijado intermedio. Y para chequear nuestro trabajo coloco una mano guía sobre el carro antes de comenzar con el lijado de bloque. Como he dicho una y otra vez, la forma del bloque debe calzar con la forma del panel o del hueco. La idea es usar el bloque de lijado en un patrón de X de modo que usted no produzca crestas o sitios bajos. Cuando usted haya terminadp de lijar, la mano guía debiera haberse ido toda, si no lo ha hecho quedan sitios bajos. Estamos usando un bloque grande de Adjustable Flexibility Sanders, con papel de lija de grano 80, para esta parte de la secuencia.

Estos bloques grandes realmente hacen el trabajo. Con las varillas afuera van a seguir el contorno del cuarto de panel, con las varillas puestas adentro hacen un buen trabajo sobre un panel plano. Nunca tuve estos bloques antes, son realmente útiles.

A medida que trabajo más y más cerca del pozo del guardabarros me paso al bloque más pequeño sin varillas. Ésta es mi última oportunidad de usar masilla. Cuando el automóvil entre en la fase de la imprimación final, me gustaría decir esto es todo. Para algunas de esas áreas voy a necesitar un bloque que tenga un radio pequeño.

Una gran parte del imprimador que usted pone sobre el

Desarmamos al Mustang hasta que no quedó ninguna pieza para sacar del caparazón de la carrocería. Luego llevamos todo a Kirby para que le removiera la pintura...

A esta altura, se ha terminado la primera ronda del trabajo de carrocería, la mayoría de las piezas y la parte interior del caparazón de la carrocería están cubiertas con imprimador.

Estamos acercándonos al trabajo final de carrocería e imprimación, así que he colocado una mano guía sobre todo.

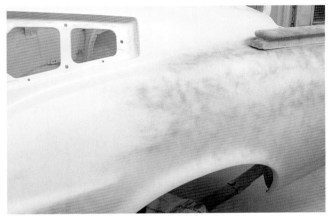

La forma del bloque está determinada por la forma del panel de carrocería.

Un bloque largo con las clavijas en su lugar es un buen instrumento para áreas grandes casi chatas, como este cuarto de panel.

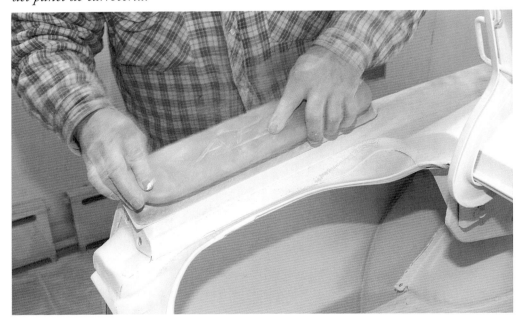

Los bloques largos son muy útiles, pero para acabar el panel cuarto delantero superior que tiene forma cóncava, vamos a necesitar un bloque con un radio que encaja con la forma del metal.

automóvil se va a salir. Piense en cuánto más tiempo llevaría arreglar esto si yo usara papel más fino. De hecho, probablemente estamos tomando más tiempo del necesario, pero queremos que quede realmente bonito. La preparación es clave para todo el trabajo.

A medida que voy llegando a la parte inferior del cuarto de panel me voy pasando a bloques cada vez más pequeños, la mayoría de ellos también son flexibles, esto es muy importante. Lo que usted tiene que evitar es lijar siguiendo un patrón. Para el área alrededor del labio del guardabarros, yo utilizo el bloque redondo. Cuando haya terminado del todo tomaré un pedazo de papel de lija con tres dobleces y repasaré todas esas áreas a mano.

Con las varillas en su lugar, el bloque largo funciona bien en el cuarto de panel inferior.

En cualquier lugar donde haya un área oscura, esa es la mano guía que no ha sido removida. Mi objetivo es estar seguro que todas esas áreas han sido eliminadas. Hago la zona de arriba del guardabarros con un pequeño bloque y casi no aplico presión. Usted tiene que tener un cuidado especial con el lijado cada vez que existe un borde.

Hay un par de pequeños agujeros del tamaño de una aguja de alfiler en el cuarto de panel, arriba cerca de la parte más alta, y también encontré otro punto bajo pequeño justo detrás de la abertura de la puerta del lado del conductor. Para estas áreas pequeñas usaré masilla para lugares específicos Evercoat spot-lite. Este material se fija en forma realmente rápida y si usted lo trabaja cuando todavía está blando, se deja lijar realmente bien. Usted debe tener cuidado de no usar

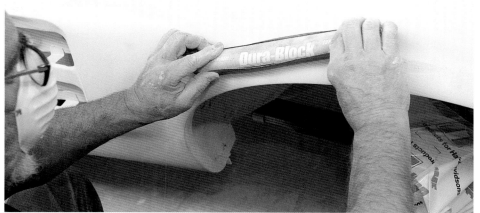

Un pequeño bloque flexible con un radio pequeño es la mejor manera también de terminar el labio del guardabarros.

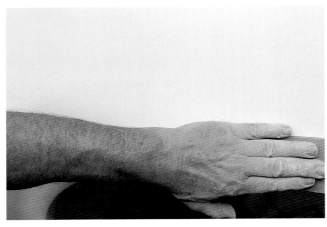

Yo acabo el labio del guardabarros a mano, a veces el mejor bloque de lijado es no usar bloque para nada.

La masilla para sitios específicos es una buena elección para pequeños lugares bajos como éste.

A mí me gusta aplicar la masilla para sitios específicos inmediatamente después de mezclarla, con una pequeña almohadilla flexible.

Antes que la masilla se haya formado completamente, la trabajo con un bloque de lijar redondo y papel de grano 80. Luego, todo lo que voy a necesitar es un poco de trabajo de acabado a mano.

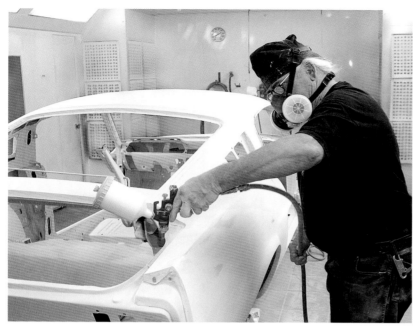

Luego de limpiar el automóvil, imprimo primero las áreas donde tengo rellenador o masilla. Luego comienzo a aplicar imprimador al resto del automóvil.

demasiada masilla para lugares específicos en un área demasiado grande, sin embargo, porque es más difícil de lijar que el rellenador normal plástico de dos partes.

A veces trabajo el área masillada con papel de grano grueso y luego la termino con algo más fino. Otras veces usted necesita poner una mano guía sobre la masilla y lijar el área con bloque para asegurarse que no quedan sitios elevados o bajos.

MÁS IMPRIMADOR

Ahora es tiempo de limpiar el automóvil soplándolo y pasandole un trapo antes de aplicar el imprimador. El imprimador debe ser mezclado con antelación, necesita un período de incubación, y ésto ya ha sido hecho. Lo bueno acerca de ésto es que usted puede poner al imprimador en la heladera luego que ha sido mezclado, y no se va a

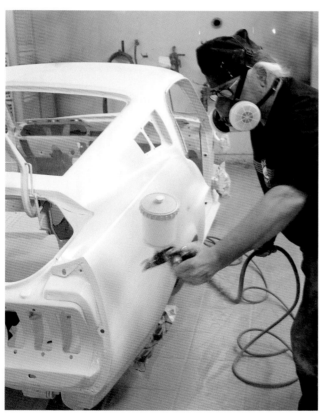

Pongo el mismo cuidado en aplicar el imprimador que cuando disparo el kandy, y siempre uso técnicas de pintura de línea recta.

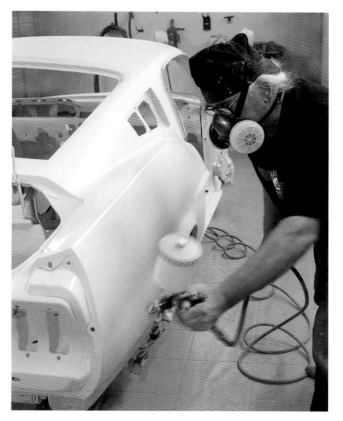

Hemos puesto por lo menos 3 manos de imprimador sobre el coche, las áreas donde hicimos trabajo de carrocería recibieron 2 manos adicionales.

Estoy pintando con una superposición del 50% entre pases, caminando el largo entero del cuarto de panel.

Tardamos una cantidad enorme de tiempo en reparar los pequeños agujeros en el piso y en retocar detalladamente la parte de abajo. Ahora podemos hacer un trabajo de pintura de calidad.

Lograr poner el automóvil sobre la rotisería es mucho trabajo, pero una vez que ha sido atornillado sobre la misma, usted tiene acceso a la parte de abajo, lo que no podía hacerse de ninguna otra manera. P. Kosmoski

El primer paso es limpiar, seguido por el de airear y trapear.

Con las ruedas en una punta y las planchas para ruedas en el otro extremo, es relativamente fácil rodar al automóvil con todo hacia dentro de la cabina. P. Kosmoski

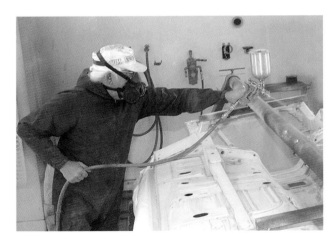

El largo palo central está siempre en el camino, a veces yo ajusto la pistola a un patrón de puntos y disparo a través, hacia el otro lado del chasis.

endurecer. Si usted mezcla demasiado material, lo puede salvar de esta manera.

Al igual que hicimos con el Camaro, yo froto todo el automóvil usando dos trapos, uno para poner el claro y el otro para quitarlo. Nunca debe colocar usted más de lo que puede sacar con el trapo antes que se seque.

Comienzo la aplicación del imprimador en las áreas donde pusimos la masilla para lugares específicos. Luego regreso e imprimo el automóvil entero. Esta es la primera de tres manos en total que le daremos al automóvil a esta altura. La presión de aire durante la aplicación del imprimador es de 55 libras a la altura del regulador. Estamos usando una pistola de imprimación dedicada, una Sata HVLP.

LA ROTISERÍA

Al montar el automovil sobre nuestra rotisería construída a mano, podemos inclinar al carro primero en una dirección, así puedo hacer la parte de abajo del lado del pasajero, luego en la otra dirección así puedo pintar el lado del conductor. Es importante conseguir que la pintura penetre en todas las grietas. Algunas veces ajusto la pistola para que tenga directamente un patrón de puntos y disparo la pintura a través, hacia el interior de los rieles del esqueleto en el otro lado.

La rotisería facilita tanto hacer un trabajo realmente bueno de pintura en la parte de abajo del automóvil. Así, podemos pintar tanto a la parte superior como a la parte inferior de este automóvil con la misma pintura. ¿Quién dice que usted no puede pintar la parte de abajo con kandy?

Usted debe trabajar con la pistola de modo de estar seguro que el imprimador penetre en todas las grietas y rendijas.

Para pintar el interior del riel derecho del esqueleto, usted debe estirarse por encima de la barra y disparar a través del automóvil con la pistola ajustada nuevamente a un patrón de puntos.

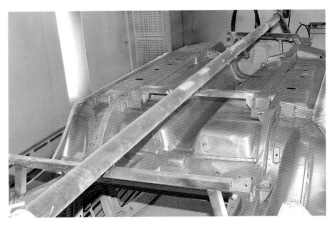

Luego de colocar 2 manos de oro solar - solar gold - usted puede ver porqué yo quería que usara el imprimador amarillo como mano de sellador.

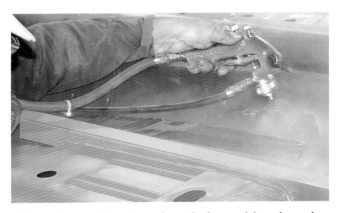

Al igual que el imprimador y la base, el kandy es de difícil aplicación por la existencia de formas retorcidas.

Puede ser difícil obtener una cobertura de kandy realmente buena sobre una forma como ésta, pero por suerte nadie la va a mirar con lupa cuando esté terminada.

A pesar de la forma y de todas las bolitas y abolladuras, yo trato de conservar la distancia de pistola-a-superficie constante en 6 pulgadas, y mantener a la pistola moviéndose en línea recta.

Pintando la Parte de Abajo del Mustang

Estoy usando nuestro imprimador KP 2 CF nuevamente, pero esta vez con un exceso de reducción del 20%. Cuando está reducido en exceso va a funcionar como sellador sobre el metal desnudo. Tiene el color que yo quiero, eso es lo importante. Nadie fabrica un sellador amarillo. Yo no quiero ensuciar una olla de presión con este material, es difícil de limpiar. Así que haré lo mejor que puedo con una pistola estándar ajustada a 45 psi a la altura de la pistola.

Para nuestra mano de base estamos usando oro solar - solar gold - BC 01. Esta es una de nuestras manos de base de Shimrin. Estas pinturas no catalizadas se colocan y secan rápidamente. Para la capa superior de kandy, he decidido usar kandy mandarina – tangerine - UK 8. Probablemente coloque cuatro o cinco capas. A veces simplemente disparo hasta que me gusta.

Estoy usando una nueva olla de presión HVLP de DeVilbiss por la facilidad de aplicación, equipada con una pequeña combinación 1.1 de boquilla-aguja. La olla de presión puede afectar el acabado de la pintura kandy y estamos probando para ver si la nueva olla de presión con un pequeño orificio nos ayuda a obtener un buen acabado. Tengo cinco libras de presión sobre la pintura y 40 a la altura del regulador.

En la parte de abajo del automóvil, terminé poniendo dos capas de base y cuatro capas de kandy. Como me quedó algo de kandy, lo mezclé con claro y puse dos manos de claro con tinte haciendo un total de 8 manos. Es mucho trabajo pintar la parte de

Una vez que el kandy está seco, enmascaramos todas las aberturas grandes del chasis antes de pintar el compartimiento del motor y el interior de la carrocería. Note como la pintura se ha vuelto más oscura.

La pintura del chasis da mucho trabajo, en parte debido a todo el enmascarado extra. P. Kosmoski

Así se ve la parte de abajo luego de cuatro manos de kandy.

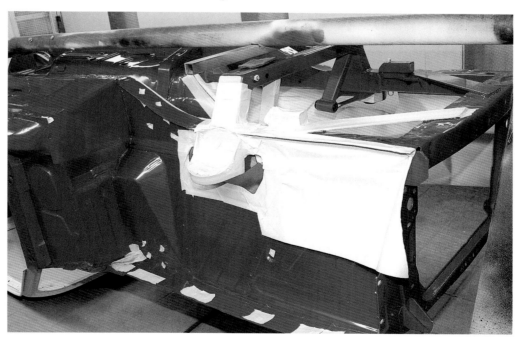

Cada paso de este trabajo de pintura lleva mucho trabajo. Aquí tuvimos que enmascarar el resto de la carrocería...

...antes de pintar el caparazón interior y luego el tablero de instrumentos en una operación adicional separada.

El kandy mandarina —tangerine- aplicado sobre nuestro oro solar - solar gold- crea un color lindo y vivo que siempre me ha gustado, y que debiera verse bien en este Mustang.

Cuando el negro está seco y se ha quitado el papel de enmascarar, podemos volver a instalar las puertas, el baúl y el capó. Luego de hacer un poco de trabajo de carrocería de último momento, podemos revertir el enmascarado visto anteriormente, reemplazando el papel que está en la parte exterior de la carrocería, por papel y cinta en la parte interior.

abajo, en parte porque usted anda arrastrando de un lado al otro la olla de presión. Y es difícil trabajar alrededor de esa barra central mientras se está pintando la parte de abajo.

Una vez que se ha terminado con la parte de abajo, tenemos que enmascarar y tapar todas las aberturas en el chasis para que no suceda que algún exceso de rociado caiga sobre la pintura kandy nueva. El caparazón de la carrocería tiene la pintura totalmente removida y está imprimado. Ahora es el momento de pintar todas esas superficies interiores, el compartimiento del motor, y aún el tablero de instrumentos. Para pintar adentro del caparazón yo uso negro jet set UB 4 sin ninguna capa de claro. Para el tablero de instrumentos, sin embargo, tomamos otro paso. Primero hicimos el lijado del color del UB 4, luego aplicamos otra mano de UB 4 mezclada 50:50 con claro UC 35 para crear una mano de pintura fluída que dejara a la superficie realmente bien.

Cuando enmascaramos la abertura dejamos una lengüeta sobre la que el papel de enmascarar se puede pegar, esto facilita tanto el enmascarado.

UN PEQUEÑO CONTRATIEMPO

A esta altura, yo pensé que todo el trabajo de carrocería estaba hecho, que estábamos listos para comenzar a pintar la carrocería. Cuando colocamos las puertas en su lugar, sin embargo, descubrí rapidamente que el calce de la puerta con la carrocería era bastante pobre. Esto significaba que luego de colgar todo el metal de hoja del automóvil teníamos que hacer más trabajo de carrocería (no se muestra) para asegurarnos que los paneles se alinearan correctaente.

Con el negro completamente seco y todo el metal de hoja en su lugar, cuidadosa-

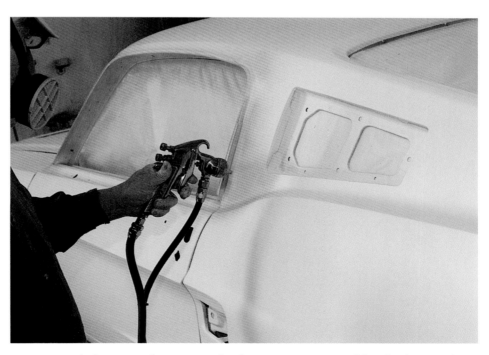

La mano de base se aplica siguiendo el mismo patrón establecido durante la aplicación del imprimador. Comienzo con una olla a presión, pero me cambio a una pistola convencional para el resto de las manos.

Esta es la primera mano de oro solar -solar gold- que se está aplicando al lado izquierdo del techo...

El labio inferior de la abertura del baúl necesita pintarse en una operación separada.

...seguida por el otro lado del techo,...

Yo tengo que caminar los lados largos del automóvil, cuidando de mantener a la pistola moviéndose a una velocidad constante...

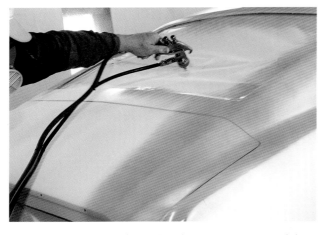

...el pilar de atrás del techo, la parte superior del cuarto de panel, y luego el lado derecho del baúl.

...mientras mantengo una distancia constante entre la pistola y la hoja de metal.

mente enmascaramos las áreas alrededor de las puertas. La idea es dejar una lengüeta sobresalida sobre la cual podemos pegar cinta cuando llegue el momento de pintar el resto de la carrocería. De este modo no tenemos que comenzar a enmascarar del lado de atrás primero.

Aplique Sellador y Pintura Final

Si bien llevó un poco más de tiempo que lo planeado, finalmente tenemos a todos los paneles alineados y a la carrocería lista para el imprimador. Como he dicho anteriormente, el sellador que estoy usando es el imprimador KP 2 CF sobre-reducido en un 20% con EP 3. Coloco dos capas del sellador antes de pasar a la mano de base.

Para obtener una linda cobertura pareja, coloco tres capas de la mano de base oro solar -solar gold-. La primera capa se aplica con la olla de presión con ocho libras de presión en la olla y 40 libras de presión a la altura del regulador. Pero el acabado se ve un poco rayado, de modo que me cambio a una pistola HVLP convencional (una DeVilbiss GT-1) para las manos número dos y tres. Como siempre debo dejar que cada mano se evapore o haga flash antes de poner la próxima aplicación, y antes de aplicar el kandy.

El kandy UK 8 kandy mandarina - tangerine – está mezclado en relación 2:1:1 con una onza y media extra de reducidor por cada cuarto de galón mezclado. Nunca mezcle más de un galón de material por vez, se va a fijar si se queda esperando demasiado tiempo. Recuerdo que una vez un

La olla a presión significa que usted no se va a quedar sin pintura, pero significa que tiene mucho más peso para arrastrar por la cabina.

Luego de pintar el lado derecho, termino el lado del conductor del capó...

...luego me toca de nuevo caminar el automóvil, esta vez del lado izquierdo. El traje de pintura es una parte importante del equipo de instrumentos de todo pintor. Mantiene a la pintura alejada de su ropa y de su cuerpo pero, lo que es igualmente importante, evita que la pelusa de su ropa se transporte por el aire y contamine la pintura fresca. El punto caliente en el cuarto de panel es un reflejo de una de las luces de la cabina.

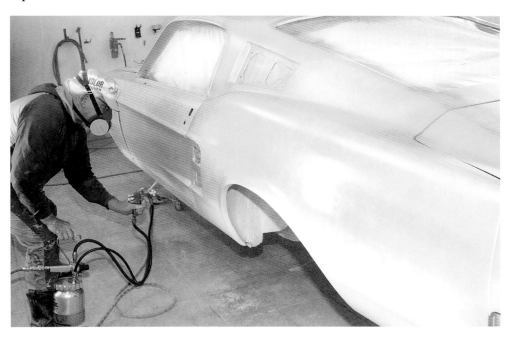

Para la mano de base de oro solar -solar gold- pongo un total de 3 manos. Esto me da buen color y cobertura.

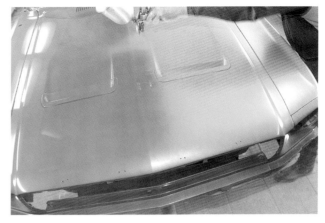

...eran sólo sesiones de práctica para la aplicación de kandy. A esta altura soy un experto en pintar esta carrocería en particular.

Un trabajo de pintura kandy es una de esas cosas que diferencia a los hombres de los niños. Su técnica y preparación de la pistola tienen que ser exactamente correctas.

Todo lo que ha sido dicho acerca de tener velocidad y distancia consistentes, y de moverse como un robot, vale el doble durante la aplicación de kandy.

El patrón que sigo es el mismo que he estado utilizando a través de todos los pasos en este trabajo de pintura. Todas esas aplicaciones de imprimador y manos de base...

En este caso, he dejado el lado izquierdo del automóvil para ser hecho a lo último.

muchacho me llamó para decirme que había mezclado tres galones de pintura bastante antes de comenzar el trabajo de pintura. Cuando llegó al final, se había vuelto gelatina. Estaba muy enojado, pero no era culpa nuestra.

Usted debe comenzar a disparar inmediatamente después de mezclar la pintura porque la vida en la olla es de sólo tres a cuatro horas dependiendo de la temperatura y de la humedad, y del reducidor que usted usa. El reducidor extra brinda una mejor atomización y le da a usted mejor control.

La ventana de aplicación de la primera mano de kandy es de quince minutos a una hora despues de la última aplicación de la mano de base.

Las manos de kandy se colocan en sucesión rápida, pero aún así es mucho trabajo colocar seis capas de pintura, manteniendo la velocidad de la pistola y la distancia de pistola a automóvil consistentes a todo lo largo del proceso.

Para aplicar el kandy yo uso una pistola DeVilbiss GT-1 equipada con una boquilla de fluídos de 1.3 mm funcionando a 30 psi a la altura de la pistola

Un pintor de kandy listo piensa velozmente, haciendo ajustes a la aplicación tal como se va necesitando para mantener uniformidad. En ciertos vehículos, un punto de partida variado produce una cobertura más uniforme. Usted debe concentrarse en el tono del color.

Aunque no se muestra, voy a seguir la misma secuencia de aplicación de manos de claro y lijado del color que se detalló en el capítulo del Camaro.

La mano siguiente se puede colocar ni bien la pintura no se deshilache sobre mi dedo cuando la toco.

Coloco un total de 6 manos del kandy mandarina - tangerine-, siempre comenzando y parando en el mismo punto.

Así es como se ve luego de 6 manos de kandy. La iluminación fluorescente de la cabina no ayuda mucho para mostrar la asombrosa profundidad creada por un buen trabajo de kandy.

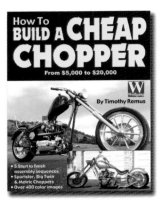

HOW TO BUILD A CHEAP CHOPPER

Choppers don't have to cost $30,000.00. In fact, a chopper built at home can be had for as little as $5,000.00. Watch the construction of 4 inexpensive choppers with complete start-to-finish photo sequences. Least expensive are metric choppers, based on a 1970s vintage Japanese four-cylinder drivetrain installed in an hardtail frame. Next up are three bikes built using Buell/Sportster drivetrains. The fact is, a complete used Buell or Sportster is an inexpensive motorcycle – and comes with wheels and tires, transmission, brakes and all the rest. Just add a hardtail frame and accessories to suit. Most expensive is bike number 4. This big-twin chopper uses a RevTech drivetrain set in a Rolling Thunder frame. Written by Tim Remus. Shot in the shops of Brian Klock, Motorcycle Works, Redneck Engineering and Dave Perewitz this book uses numerous photos to Illustrate the construction of these 4 bikes.

Eleven Chapters   144 Pages $24.95   Over 400 photos-100% color

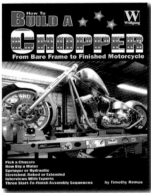

HOW TO BUILD A CHOPPER

Designed to help you build your own chopper, this book covers History, Frames, Chassis Components, Wheels and Tires, Engine Options, Drivetrains, Wiring, Sheet Metal and Hardware. Included are assembly sequences from the Arlen Ness, Donnie Smith and American Thunder shops. Your best first step! Order today.

Choppers are back! Learn from the best how to build yours.
12 chapters cover:
• Use of Evo, TC, Shovel, Pan or Knucklehead engines
• Frame and running gear choices
• Design decisions - short and stubby or long and radical?
• Four, five or six-speed trannies

Twelve Chapters   144 Pages $24.95   Over 300 photos-over 50% color

HOP-UP & CUSTOMIZE YOUR H-D BAGGER

Baggers don't have to be slow, and they don't have to look like every other Dresser in the parking lot. Take your Bagger from slow to show with a few more cubic inches, a little paint and some well placed accessories. Whether you're looking for additional power or more visual pizazz, the answers and ideas you need are contained in this new book from Tim Remus.

Follow the project bike from start to finish, including a complete dyno test and remapping of the fuel injections. Includes two 95 inch engine make overs.
How to:
• Pick the best accessories for the best value
• Install a lowering kit
• Do custom paint on a budget
• Create a unique design for your bike

Eight Chapters   144 Pages $24.95   Over 400 full-color photos

ADVANCED AIRBRUSH ART

Like a video done with still photography, this new book is made up entirely of photo sequences that illustrate each small step in the creation of an airbrushed masterpiece. Watch as well-known masters like Vince Goodeve, Chris Cruz, Steve Wizard and Nick Pastura start with a sketch and end with a NASCAR helmet or motorcycle tank covered with graphics, murals, pinups or all of the above.

Interviews explain each artist's preference for paint and equipment, and secrets learned over decades of painting. Projects include a chrome eagle surrounded by reality flames, a series of murals, and a variety of graphic designs.
This is a great book for anyone who takes their airbrushing seriously and wants to learn more.

Ten Chapters   144 Pages $24.95   Over 400 photos, 100% color

Sources

Adjustable Flexibility Sanders
John Wheeler
Order: 877 459 7167
Tech: 651 459 7167
FAX: 651 459 7167
www.adjustflexsand.com

Dayton Reliable Air Filter
2294 N. Moraine Dr.
Dayton, Ohio 45439
1-800-699-0747
Fax: (937) 293-3975
www.reliablefilter.com

DeBeer
(A division of Valspar Refinish)
Spray filler

DeVilbiss
(ITW Automotive Refinishing)
1724 Indian Wood Circle,
Suite J-K
Maumee, OH 43537
419 891 8100
www.devilbiss.com
Tech line: 800 445 3988

Dynabrade Sanders
8989 Sheridan Dr.
Clarence, NY 14031
716 631 0100
www.dynabrade.co

Eastwood Company
Auto body tools and supplies
1-800-343-9353
www.eastwoodco.com

Fibre Glass-Evercoat
Spray filler
6600 Cornell Road
Cincinnati, Ohio 45242
Tel: (513)489-7600
Fax: (513)489-9229
www.evercoat.com

Finesse Tape Products
PO Box 541428
Linden Hill Station
Flushing NY 11354
800 228 1258
718 939 8837
www.finessepinstriping.com

House of Kolor
Division of Valspar Refinish
210 Crosby St.
Picayune MS 39466
Tech-line: 601 798 4229
houseofkolor@valspar.com

Kirby's Custom Paint
Precision Paint Removers
2415 W Ind Blvd, Bay 1
Long Lake, MN 55356
952 476 4545

Kosmoski, Jon
House of Kolor Inc
800 844 4130 voice mail box

National Detroit
PO Box 2285
Rockford, IL 61131
815 877 4941
nationaldetroit@compuserve.com

ParaLite
ww.fullspectrumsolutions.com

Protools and Equipment
Spray booths and equipment
23529 Eacles Nest Rd
Antioch, IL 60002
800 989 3747

Sid Moses
Pinstriping brushes
800 628 2194
310 475 1111
sid@moseart.com

Spray Shield Industries
1430 North Seventh St.
Murphysboro, IL. 62966
Phone : 1-888-883-4583
Fax : 1-618-684-8822

System One
www.systemoneproducts.com